Die
SPEKTAKULÄRSTEN
Dinge der Welt

Lektor: Polly Cheeseman
Designer: Paul Mitchell

Aus dem Englischen von
Ute Löwenberg, Petra Bachmann
Herstellung: Daniela Schulz
ISBN 978-3-8458-2798-8
Manufactured in China

Anna Claybourne

Die SPEKTAKULÄRSTEN Dinge der Welt

Inhalt

Inhalt

Ekliges bei
den Menschen · · · 216

Einfach

Unsere Welt ist unglaublich faszinierend! Es gibt bedrohliche Situationen, gefährliche Tiere, Naturkatastrophen, beeindruckende Naturwunder oder ekelerregende Tiere — in diesem Buch findest du dies alles!

Besonders gefährlich:

In diesem Kapitel geht es ums Überleben, sei es bei Naturkatastrophen, wie Erdbeben oder Tsunami, oder vom Menschen verursachten Gefahrensituationen, wie z. B. Feuer oder Flugzeugabsturz.

Besonders eklig:

Von der Kakerlake bis zum Schweißfuß – hier erwarten dich definitiv die unappetitlichsten Dinge der Welt.

spektakulär

Besonders unglaublich:

Die unglaublichsten Naturwunder und von Menschenhand geschaffenen Werke werden in diesem Abschnitt vorgestellt, sei es der höchste Berg, Kristallhöhlen oder der Amazonas.

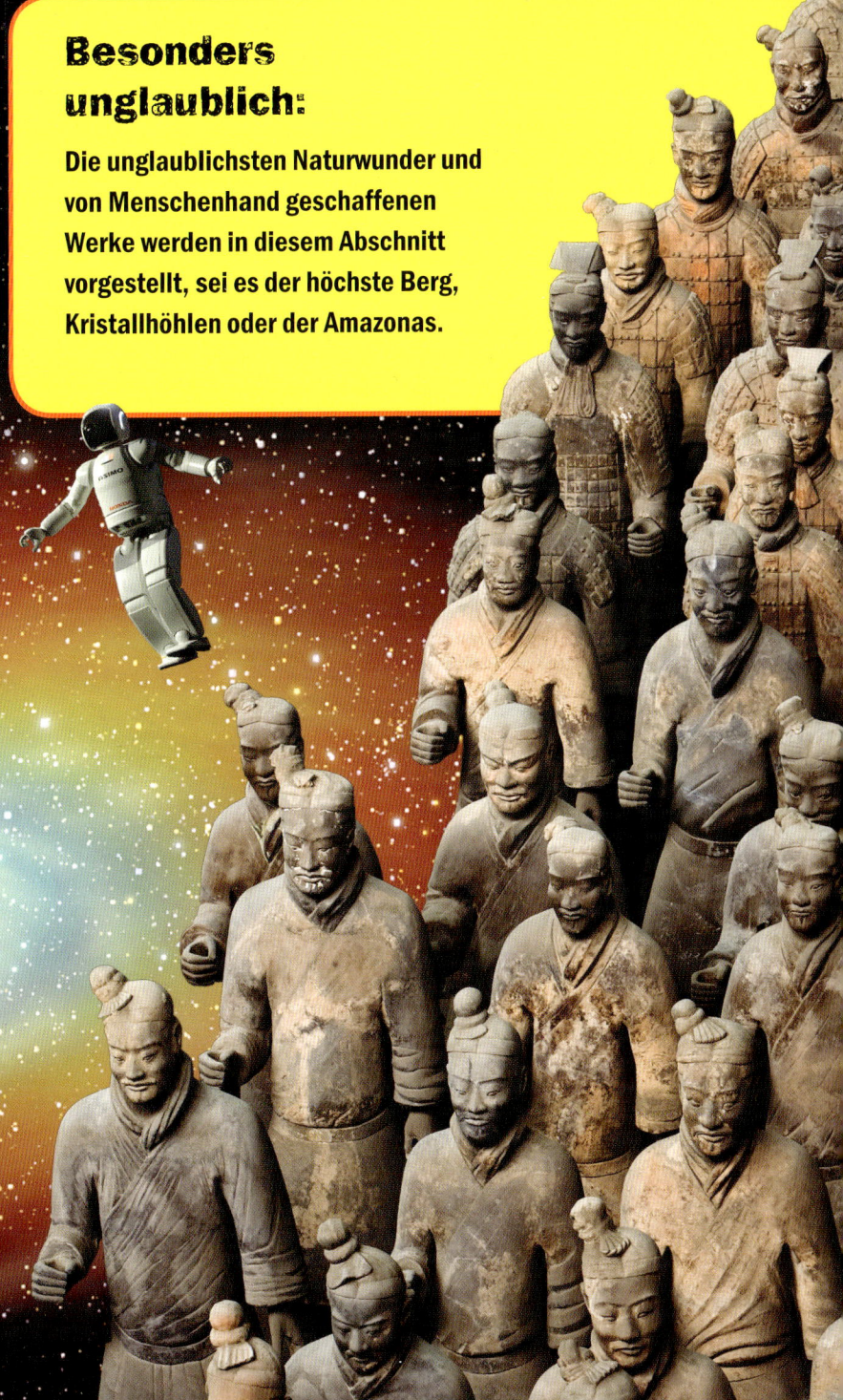

Besonders

Heutzutage ist die Welt für Menschen sicherer als jemals zuvor. Die moderne Medizin, Rettungsdienste, warme, trockene Häuser und der Zugang zu sauberem Wasser haben schon Millionen Leben gerettet. In den meisten Ländern leben die Menschen daher immer länger und die Bevölkerung wächst.

Wildnis

Dennoch gibt es immer noch viele Gefahren, gegen die wir wenig ausrichten können. Menschliche Technologie ist machtlos gegen die gewaltige Kraft eines Vulkanausbruchs, einer 30 Meter hohen Flutwelle oder eines Tornados. Große Teile der Welt sind Wildnis oder Ozeane, in denen man schnell verloren gehen oder sich Auge in Auge mit einem gefährlichen Tier wiederfinden kann.

Pass auf dich auf

Die sicherste Methode, unbeschadet durchs Leben zu gehen, ist natürlich, gefährliche Situationen zu vermeiden.

Halte dich fern

Erkunde niemals alleine und ohne angemessene Ausrüstung die Wildnis. Halte dich, wo immer du kannst, fern von den in diesem Buch beschriebenen Gefahren wie dünnem Eis, wilden Tieren oder Lawinengebieten.

Warnung

Dieses Buch gibt Verhaltenstipps für die unterschiedlichsten Gefahrensituationen. Doch alle diese Ratschläge bieten lediglich allgemeine Hilfestellung und können deine Sicherheit in der speziellen Notsituation nicht garantieren.

gefährlich

Benutze deinen Verstand

Lass dich nicht von anderen zu gefährlichen Dingen überreden. Wenn du dich nicht sicher fühlst, lass es sein! Versuche die anderen davon abzubringen oder hole Hilfe.

Beachte Warnungen

An vielen gefährlichen Orten — wie Klippen oder Stränden mit starker Strömung — weisen Schilder auf die Gefahr hin. Sie stehen da nicht zum Spaß: Beachte sie!

Befolge Anweisungen

In diesem Buch findest du allgemeine Verhaltenstipps für alle möglichen Gefahrensituationen. Allerdings solltest du in Einzelsituationen, wie einem Erdbeben in deiner Region oder der Konfrontation mit einem wilden Tier, immer den Anweisungen der Spezialisten vor Ort, der Notfalldienste oder der lokalen Warnsysteme folgen. Sie kennen sich am besten aus.

Im Februar 1999 gingen zwei Lawinen auf den Schweizer Ort Evolène nieder. Zwölf Menschen starben und genauso viele wurden vermisst.

Schon gewusst?

- Ein Blitz kann sechsmal heißer als die Sonnenoberfläche sein.
- Durch Flusspferde sterben mehr Menschen als durch Haie.
- Eine der größten Wüsten-Gefahren ist die Kälte, die nachts bis unter den Gefrierpunkt sinken kann.

Lies weiter, wenn du mehr wissen willst ...

Risiko-Einstufung:

☠ *selten*

☠ ☠ *unwahrscheinlich*

☠ ☠ ☠ *wahrscheinlich*

☠ ☠ ☠ ☠ *sehr wahrscheinlich*

☠ ☠ ☠ ☠ ☠ *häufig*

Gefahren
der Natur

Große Teile unseres Planeten sind Wildnis und daher voller natürlicher Gefahren. Du könntest dich in den ausgedehnten Wüsten, Regenwäldern, Ozeanen oder Polarregionen verirren oder einem lebensbedrohlichen Tier — wie einer giftigen Schlange — begegnen. Naturkatastrophen wie Erdbeben oder Flutwellen und Wetterphänomene wie Wirbelstürme und Blitze können uns auch zu Hause treffen.

Vulkanausbruch

Bei einem Vulkanausbruch brechen heiße Lava (geschmolzenes Gestein), Gas und brennende Asche aus dem Erdinneren hervor. Sogar ganze Felsbrocken werden durch die Luft geschleudert. Die meisten Vulkane sind vor sehr langer Zeit ausgebrochen und haben Gebirge geformt. Sie werden stets überwacht, sodass rechtzeitig vor einem Ausbruch gewarnt werden kann.

Gefahren-Einstufung

Risiko-Einstufung: ☠ ☠ ☠
Millionen von Menschen leben in Vulkannähe, es gibt pro Jahr aber nur um die 60 Ausbrüche.

Überlebenschance: 80 %
Selbst wenn du auf dem Vulkan bist, kannst du entkommen.

Was zu tun ist

Nach einer Warnung:
Die Umgebung wird evakuiert. Verlasse das Gebiet so schnell wie möglich. Nimm Decken, Nahrung und Wasser für den Fall mit, dass du nicht weiterkommst.

Wenn ein Vulkan in der Nähe ausbricht:
Gehe auf Anhöhen und meide Täler, durch die Lava und Matsch nach unten strömen. Trage Kleidung, die dich vor dem Ascheregen schützt. Trage eine Brille und einen nassen Waschlappen vor Mund und Nase.

Der Vulkan bricht aus:
Begib dich auf Anhöhen auf der Bergseite, vermeide Täler, Wasserläufe und Brücken. Große Felsen bieten Schutz.

Tipp Wenn Felsen auf dich runterfallen, rolle dich zusammen und schütze deinen Kopf.

Schlammlawine

*Eine Schlammlawine (Lahar)
entsteht, wenn sich Asche mit
Wasser (heftige Regenfälle,
Fluss, See oder durch die Hitze
des Vulkanausbruchs geschmolzenes Eis und Schnee) vermischt.
Es entsteht eine Walze aus
Schlamm, die talwärts strömt
und ganze Orte überschwemmen
kann. Lahare legen oft lange
Strecken zurück.*

Gefahren-Einstufung

Risiko-Einstufung: ☠ ☠
Immer wenn ein Vulkan ausbricht,
kann es auch zu Laharen kommen.

Überlebenschance: 90 %
Heute können Schlammlawinen
mit moderner Satellitentechnik meist
rechtzeitig geortet werden.

Was zu tun ist

Nach einer Warnung:
Viele Orte, die durch Schlammlawinen gefährdet sind, haben ein
Warnsystem. Folge den Anweisungen und fliehe so schnell du kannst
in höher gelegenes Gelände.

Wenn die Lawine kommt:
Je höher du bist, umso größer ist
deine Chance, falls du in eine
Schlammlawine gerätst. Gehe in
einem hohen, stabilen Gebäude
ganz nach oben oder klettere so
hoch du kannst in einen hohen
Baum.

Vom Schlamm erfasst:
Versuche deinen Kopf aus dem
Schlamm zu halten und hänge dich
an mitfließende Gegenstände.

Schlamm-lawinen-katastrophe

**1985 verschüttete ein Lahar des
Vulkas Nevado del Ruiz in Kolum-
bien den Ort Armero und forderte
23 000 Opfer. Die Bevölkerung
hätte sich auf höher gelegenes
Gebiet flüchten können, wenn
sie gewarnt worden wäre.**

Supervulkan

Ein Supervulkan ist ein gewaltiger Vulkanausbruch, weit größer als ein normaler. Beim normalen Ausbruch bildet die abgekühlte Lava einen Berg. Bei einem Supervulkan werden so viel Lava und Felsen hochgeschleudert, dass ein kesselförmiger Krater im Boden zurückbleibt. In der frühen Erdgeschichte gab es mehrere Supervulkane. So liegt beispielsweise der Yellowstone-Nationalpark in den USA auf einem Supervulkan, der eventuell eines Tages erneut ausbrechen könnte.

Was zu tun ist

Wenn ein Supervulkan vorhergesagt wird:

Das Gebiet um den Supervulkan herum wird dann evakuiert. Beeile dich, bleib aber ruhig, um ein Verkehrschaos zu verhindern.

Beim Ausbruch:

Wenn du mehr als hundert Kilometer von der Ausbruchsstelle entfernt bist, hast du eine Überlebenschance. Ascheregen wird das Land im Umkreis von Tausenden Kilometern bedecken. Suche in Gebäuden Schutz und fahre nicht hindurch.

Nach dem Ausbruch:

Bis in die Stratosphäre geschleuderte Asche verdunkelt das Sonnenlicht und verhindert den Anbau von Nahrung. Nur mit Konserven und Vorräten kannst du überleben.

Gefahren-Einstufung

Risiko-Einstufung: ☠
Wahrscheinlich dauert es noch unendli[ch] lange bis zu einem Supervulkan.

Überlebenschance: 50 %
Ein Supervulkan würde ein Riesengebie[t] zerstören und zum Tod unzähliger Menschen führen.

Tipp Keine Panik! Gegen Supervulkane ist so wenig auszurichten, dass es sinnlos ist, sich darüber Gedanken zu machen.

Lawine

Zu einer Lawine kommt es, wenn eine große Menge Schnee einen Hang herunterrutscht. Die Ursachen sind zahlreich: Wind, Schneeschmelze durch Sonneneinstrahlung, durch Ski- und Snowboardfahrer losgetretener Schnee oder Neuschneemassen. Lawinen können tödlich sein, wenn sie Menschen oder Häuser verschütten. Es ist äußerst anstrengend, sich herauszugraben, und oft ersticken Lawinenopfer, bevor Hilfe kommt.

Gefahren-Einstufung

Risiko-Einstufung: ☠ ☠ ☠
Jedes Jahr kommt es zu Lawinen, oft in beliebten Skigebieten.

Überlebenschance: 60 %
Du kannst überleben, wenn du der Lawine ausweichst oder dich freigräbst.

Hightech-Hilfe

Heute haben viele Skifahrer ein kleines Gerät bei sich, das Funkwellen sendet, sodass sie, falls sie in eine Lawine geraten, leichter geortet werden können.

Was zu tun ist

Wenn du eine Lawine kommen siehst:

Flüchte seitwärts weg vom Lawinenweg. Suche aufrecht stehend Schutz hinter einem großen Felsen oder an einem stabilen Baum.

Du wirst mitgerissen:

Wirf deinen Rucksack weg, er zieht dich nur nach unten. Versuche dich mit Schwimmbewegungen an der Oberfläche des Schnees zu halten.

Wenn du verschüttet wirst:

Kugle dich zusammen, mit den Händen vorm Gesicht, um Raum für Atemluft zu schaffen. Spucke in deine Hände. Die Spucke fällt nach unten. In die entgegengesetzte Richtung musst du zügig mit Händen oder Skistöcken graben.

Erdbeben

Die Erdkruste (Oberflächenschicht) besteht aus verschiedenen großen Teilen: den sogenannten tektonischen Platten. Sie bewegen sich sehr langsam und drücken und reiben aneinander. Manchmal bleiben sie aneinander hängen, und die Spannung baut sich auf, bis die Platten plötzlich wieder auseinandergleiten. Die Erde reißt auf und bebt. Starke Erdbeben können Risse verursachen, die Häuser zum Einsturz bringen.

Bei einem Erdbeben in Kobe, Japan, stürzte 1995 diese Hochbrücke ein.

Was zu tun ist

Erdbebenwarnung:
Nur äußerst selten können Wissenschaftler Erdbeben vorhersagen. Dann könnte es klappen, die Region zu evakuieren. Auf ein Erdbeben kannst du dich vorbereiten, indem du schwere Gegenstände auf den Boden stellst und Wasser in Eimer und Flaschen abfüllst. Lösche sofort jegliches Feuer.

Während des Bebens:
Im Inneren von Gebäuden schütze dich unter einem Türrahmen oder schweren Tisch. Bleib weg von Küche, Treppen, Aufzügen und Fenstern. Draußen renne weg von Häusern, Bäumen, Leitungen, Brücken und allem, was auf dich fallen könnte.

Gefahren-Einstufung

Risiko-Einstufung: ☠ ☠ ☠
Jedes Jahr kommt es weltweit zu Dutzenden schweren Erdbeben.

Überlebenschance: 80 %
Erdbeben können verheerend sein, in den meisten Fällen überleben aber viele Menschen.

Tipp Nach einem Erdbeben solltest du nicht davon ausgehen, dass es sofort vorbei ist. Oft kommt es noch zu kleineren Nachbeben. Bleib vorsichtig und warte auf Hilfe.

2007 kam es in Guatemala City zu dieser Doline, in der drei Menschen starben und zwölf Häuser verschwanden.

Doline

Stell dir ein riesiges Loch im Boden vor, das sich plötzlich unter deinen Füßen auftut. Eine Doline ist so ein Loch, verursacht durch Wasser, das das Untergrundgestein wegspült. Viele Dolinen bilden sich nach und nach. Manchmal jedoch höhlt Wasser unter der Erde eine unsichtbare Kammer aus, die nur von einer dünnen Gesteinsschicht überdacht ist. Wenn dieses Dach zusammenbricht, öffnet sich ein gefährliches, klaffendes Loch.

Was zu tun ist

Anzeichen:

Dolinen können ohne Vorwarnung entstehen. Manchmal gibt es aber Anzeichen wie kreisförmige Risse im Untergrund, Erdstöße und tiefe, polternde Geräusche. Verlasse sofort die Gegend und benachrichtige die Sicherheitskräfte.

Falls es zu einem Erdfall kommt:

Wenn der Untergrund abrutscht, renne aufwärts zur Kante des Lochs. Versuche dich an gut befestigten Objekten (wie Schienen) hochzuziehen.

Wenn du hineinstürzt:

Landest du in Wasser, wird dein Fall gebremst. Hänge dich an schwimmende Gegenstände und schreie.

Schon gewusst?

Manchmal öffnet sich der Boden unter einem See. Das Seewasser verschwindet, als wäre ein Badewannenstöpsel gezogen worden.

Tsunami

Einheimische und Touristen flüchten 2004 vor dem großen Tsunami im Indischen Ozean.

Ein Tsunami ist eine oder eine Serie von Riesenwellen, die an Land schlagen, meist von einem Seebeben verursacht. Die Wellen bauen sich in Landnähe zu 10 bis 30 Meter hohen Wassermauern auf und haben die Kraft, alles zu zerstören, was auf ihrem Weg liegt.

Gefahren-Einstufung

Risiko-Einstufung: ☠ ☠ ☠
Auch wenn es jedes Jahr überall auf der Welt zu höchst gefährlichen Tsunamis kommt, ist es sehr unwahrscheinlich, von einem erwischt zu werden.

Überlebenschance: 70 %
Trifft ein Tsunami auf einen Ort oder eine Stadt, kann er Tausende Opfer fordern. Die Kenntnis des richtigen Verhaltens schützt dich.

Was zu tun ist

Ein Tsunami kommt:
Flüchte landeinwärts, so schnell du kannst. Suche nach einem möglichst hoch gelegenen Fluchtpunkt: einen Hügel oder das oberste Stockwerk eines hohen stabilen Gebäudes.

Wenn die Welle dich gleich erreicht:
Klettere auf einen Baum oder klammere dich an einem gut befestigten Gegenstand (Geländer, Parkuhr o. Ä.) fest. Binde dich mit deiner Kleidung daran fest.

Du wirst mitgerissen:
Halte dich an einem schwimmenden Gegenstand fest, schütze deinen Kopf und schreie um Hilfe.

Anzeichen:
Es gibt Anzeichen, dass sich ein Tsunami nähert:
- Du hältst dich in Küstennähe auf und spürst ein Erdbeben.
- Urplötzlich wird die See rau und die Boote hüpfen rauf und runter.
- Die See zieht sich abrupt und schnell zurück, sodass der Meeresboden wasserfrei daliegt.

Tipp In Gebieten mit hoher Tsunami-Häufigkeit speziell am Pazifik weisen Schilder darauf hin, wohin du im Ernstfall flüchten sollst.

TSUNAMI-GEFAHR
Bei einem Erdbeben ins Landesinnere oder auf hoch gelegenes Gelände flücht

Meteoriteneinschlag

Im All fliegen meist weit entfernt von der Erde Gesteinsbrocken — Asteroiden — umher. Wenn die Anziehungskraft der Erde sie in die Atmosphäre saugt, fallen sie — nun Meteoriten genannt — zu Boden. Ein großer Meteoriteneinschlag hätte verheerende Folgen: Er würde die Einschlaggegend verwüsten, einen Riesenkrater reißen und Tsunamis verursachen. Die Sonne würde durch Schmutzpartikel in der Luft verdunkelt.

Was zu tun ist

Wenn ein Meteorit vorhergesagt wird:

Wissenschaftler würden einen Einschlag vorhersagen, sodass die Einschlaggegend evakuiert werden könnte. Wasser- und Nahrungsvorräte anzulegen, ist dann sinnvoll. Küstenbewohner sollten in höher gelegene Gebiete flüchten.

Wenn er einschlägt:

Trifft dich ein Meteorit, bist du chancenlos. Wenn er weit genug entfernt ist, schütze dich vor der anfänglichen Druckwelle unter Türrahmen oder schweren Möbeln.

Nach dem Aufprall:

Bleib drinnen, um dich vor fallenden Teilen zu schützen. Fliehe später in sicherere Gegenden.

Gefahren-Einstufung

Risiko-Einstufung:
Die Wahrscheinlichkeit, dass dich ein Meteorit trifft, ist winzig.

Überlebenschance: 50 %
Alles hängt von der Größe ab: Ein kleiner Meteorit kann harmlos sein, ein großer kann alles Leben auf der Erde auslöschen.

Asteroiden können erbsenklein oder kilometergroß sein. Ein Meteorit von 10 m Durchmesser könnte eine Stadt vernichten, einer von 100 m ein Gebiet in der Größe Großbritanniens und einer von 10 Kilometern die ganze Menschheit.

Schon gewusst? Wissenschaftler arbeiten an Methoden,
Asteroiden, die uns zu nahe kommen, von der Erde wegzulenken. Vielleicht könnte eine Rakete seine Richtung ändern.

Riesenwelle

Diese Computersimulation zeigt das Ausmaß einer Monsterwelle.

Gefahren-Einstufung

Risiko-Einstufung: ☠
Monsterwellen sind rar, noch seltener aber treffen sie ein Boot.

Überlebenschance: 70 %
Wenn dein Schiff nicht sofort sinkt, hast du gute Chancen, dem Schlimmsten zu entkommen.

Eine Riesen- oder Monsterwelle taucht draußen auf hoher See auf und ist kein Tsunami und auch keine Sturmwelle. Eine Riesenwelle ist lediglich eine ozeanische Welle, nur dass sie viel, viel höher und steiler als normale Wellen ist. Während hohe Sturmwellen 15 m hoch werden können, erreichen Monsterwellen 25 oder sogar 30 m. Sie werden als Ursache vieler unerklärlicher Schiffsunglücke angesehen. Experten führen als mögliche Ursachen Wind, Strömungen oder sich ungünstig beeinflussende Wellen an.

Schon gewusst?

Seeleute berichten seit Jahrhunderten von Riesenwellen, ihre Erzählungen wurden aber lange als Seemannsgarn abgetan. 2003 konnte durch Satellitenbilder die Existenz von Monsterwellen wissenschaftlich belegt werden.

Was zu tun ist

Riesenwelle voraus:

Wenn du mit dem Schiff unterwegs bist und eine Monsterwelle siehst, renne ins Innere auf die Seite, die der Welle abgewandt ist, fern von Fenstern. Halte dich gut fest.

Wenn dich die Welle überrollt:

Bist du an Deck, wenn die Welle kommt, besteht deine einzige Chance darin, dich an etwas Festem, wie z. B. der Reling, festzuklammern und den Atem anzuhalten.

Ausweichen:

Wissenschaftler versuchen zu berechnen, wo Riesenwellen auftreten könnten, und arbeiten an einem Frühwarnsystem, das Schiffsunglücke vermeiden helfen soll.

Eisberg

Ein Eisberg ist ein großer, schwimmender Brocken Eis, der von einem Gletscher abgebrochen ist. Eisberge bilden sich in Arktis und Antarktis, wo Gletscher, also langsame Ströme aus Eis, ins Meer fließen und abbrechen. Eis ist etwas leichter als Wasser. Deshalb schwimmen Eisberge — aber auch nur so eben. Nur 12 Prozent eines treibenden Eisbergs liegen sichtbar über der Wasseroberfläche. Der Rest ist unter Wasser, und da Eis steinhart ist, kann es zu Katastrophen kommen, falls ein Schiff dagegenfährt.

Was zu tun ist

Eisberg in Sicht:

Alle Boote sollten sich von Eisbergen fernhalten. Ihr Unterwasserteil könnte näher sein, als du glaubst. Fahre nicht weiter ran, um den Eisberg besser sehen zu können. Er kann plötzlich kippen oder Brocken abwerfen, was gefährliche Wellen erzeugt.

Eisberg gerammt:

Ein Eisberg kann dein Boot unter Wasser aufreißen. Bist du auf einem großen Schiff, gehe auf eines der oberen Decks und befolge die Anweisungen der Besatzung.

Dieser Querschnitt zeigt, wie viel von einem Eisberg unter Wasser liegt.

Gefahren-Einstufung

Risiko-Einstufung: ☠ ☠ ☠
Tausende Eisberge treiben im Meer und stellen eine Dauergefährdung für Schiffe, Unterwasserkabel und Bohrinseln dar.

Überlebenschance: 80 %
Da Eisberge sich langsam bewegen, kann man ihnen gut ausweichen.

Die Titanic

Ein Eisberg war 1912 der Grund für eines der berühmtesten Unglücke der Welt: den Untergang der Titanic. Man dachte, der neue Ozeanriese sei unsinkbar, er sank aber nach der Kollision mit einem Eisberg binnen Stunden. 1500 Menschen starben.

Flut

Viele Flüsse treten jedes Jahr über ihre Ufer, ohne dass dies zu Problemen führt, weil die Menschen sich darauf eingerichtet haben. Schlimmer sind plötzliche, unerwartete Überschwemmungen. Starke Regenfälle lassen Flüsse ansteigen. Stürme oder Tsunamis bewirken Überflutungen vom Meer. Überschwemmungen können Menschen, Häuser, Autos etc. mit sich reißen und durch die Verbreitung von Schlamm und Abwasser großen Schaden anrichten.

Ein Mann kämpft sich — Mülltüten an den Beinen — durch ein Hochwasser in Venedig.

Gefahren-Einstufung

Risiko-Einstufung: ☠ ☠ ☠ ☠
Jedes Jahr gibt es überall auf der Welt Überschwemmungen und es werden immer mehr.

Überlebenschance: 90 %
Obwohl sie sehr gefährlich werden können, richten Hochwasser meistens eher Sachschäden an, als dass sie Menschenleben fordern.

Was zu tun ist

Bei Hochwasserwarnung:
Verlasse das Hochwassergebiet. Bringe auch alle Haustiere in Sicherheit. Wertvolle und elektrisch betriebene Gegenstände verstaue so hoch wie möglich. Schalte Gas und Strom ab und staple Sandsäcke um dein Haus. Wenn du bleibst, brauchst du Wasser- und Nahrungsvorräte, ein Erste-Hilfe-Set, eine Taschenlampe und Decken.

Abgeschnitten von der Außenwelt:
Ruhe bewahren! Versuche mit dem Handy Hilfe zu holen oder mache durch Winken und Schwenken einer Lampe Boote und Hubschrauber aufmerksam. Bewahre deine Wasser- und Nahrungsvorräte sicher auf. Versuche nicht, durchs Wasser zu entkommen. Warte auf Hilfe.

Wenn du mitgerissen wirst:
Klammere dich an schwimmenden Gegenständen fest und versuche einen Baum oder Pfahl zum Festhalten zu erreichen. Schreie und winke, damit die Rettungskräfte dich sehen können.

Sturzflut

Sturzfluten sind plötzlich auftretende Überschwemmungen, meist von starken Regenfällen während Gewittern verursacht. Das Wasser sammelt sich zu einem reißenden Strom und schießt durch zu schmale Flussbetten talwärts. Auch ein Dammbruch kann eine Sturzflut hervorrufen. Sturzfluten sind so gefährlich, weil sie überraschend auftreten. Oft kommt es im Sommer dazu, wenn die Menschen am und im Wasser angeln, schwimmen und wandern.

2007 verursachte der Hurrikan Dean mehrere Sturzfluten auf Dominica.

Gefahren-Einstufung

Risiko-Einstufung: ☠ ☠
Sturzfluten sind seltener als andere Arten von Überschwemmungen.

Überlebenschance: 60 %
Sturzfluten sind so schnell, dass es schwer ist zu entkommen.

Was zu tun ist

Eine Sturzflut nähert sich:
In einem Tal kannst du eventuell bergwärts eine Sturzflut kommen sehen oder ein tosendes Geräusch hören. Klettere schnell an den Talseiten aufwärts, weg vom Wasser. Wenn die Flut kommt, suche dir einen Baum zum Festklammern.

Wenn du mitgerissen wirst:
Tritt Wasser oder halte dich an einem Ast fest und versuche, das Ufer zu erreichen und dich dort an einem Baum festzuklammern.

Sturzfluten aus dem Weg gehen:
Überlege dir zweimal, ob du ein tiefes Tal oder eine Schlucht betrittst, wenn starker Regen angesagt ist.

Schon gewusst?

Viele Sturzflutopfer ertrinken nicht, sondern werden von Felsen, Ästen und Baumstämmen erschlagen, die das Wasser mitgerissenen hat.

Waldbrand

Großflächige Feuer können nicht nur im Wald, sondern auch im Busch- und Grasland wüten. Meist kommt es im Sommer und Herbst dazu, wenn Bäume und Gras ausgedörrt sind. Der Wind facht das Feuer an und verbreitet es. Tausende Bäume und andere Pflanzen werden vernichtet. Manchmal werden auch Häuser erfasst oder Menschen in ihren Autos eingeschlossen. Manche Waldbrände entstehen natürlich, durch Blitzeinschläge oder Vulkanausbrüche. Die meisten aber werden von Menschen verursacht, die Lagerfeuer entzünden, Zigaretten wegwerfen oder sogar absichtlich Brände legen.

Gefahren-Einstufung

Risiko-Einstufung: ☠ ☠ ☠
Unkontrollierbare Brände stellen in vielen Teilen der Welt eine große Gefahr dar.

Überlebenschance: 80 %
Von einem Waldbrand eingeschlossen zu werden, ist gefährlich, vorherige Flucht aber meist möglich.

Was zu tun ist

Bei Waldbrand-Warnung:

Informiere dich in Radio und Fernsehen über Evakuierungsmaßnahmen. Plane eine Fluchtroute und nimm Kontakt zu deinen Nachbarn auf. Wer ein Auto hat, sollte jemanden mitnehmen, der keins hat. Bereite auch den Transport deiner Haustiere vor. Lege wichtige Dokumente und Notproviant ins Auto, das mit dem Schlüssel im Zündschloss bereitstehen sollte.

Wenn sich das Feuer nähert:

Wenn du zu Hause bist, spritze Dach, Wände und Umgebung nass. Unterwegs musst du die Richtung rausfinden, aus der Feuer und Rauch kommen, und in die andere Richtung fliehen. Wenn dich das Feuer einzuholen droht, bist du am sichersten im Wasser. Sieh dich also nach einem Fluss oder See um.

Tipp Hilf Waldbrände zu verhindern. Entzünde keine Lagerfeuer und lass keinen Müll liegen.

Feuersturm

Manchmal kommt es bei großen
Waldbränden zu einem Feuersturm. Wenn ein Feuer brennt,
steigt heiße Luft nach oben und
saugt kühlere Luft an, um sie zu
ersetzen. Bei heftigem Feuer
kann dieser Effekt kräftige Sturm-
winde und sogar Blitze bewirken.
Der Wind facht das Feuer weiter
an und macht es weit heißer als
gewöhnliches Feuer. Der Feuersturm trägt das Feuer nicht nur
immer weiter, er füllt die Luft
auch mit Rauch, sodass fast
nichts mehr zu sehen ist.

Was zu tun ist

Feuersturm erkennen:
Eines der Anzeichen für einen Feu-
ersturm ist, dass das Feuer erst
leiser, dann aber viel lauter wird.
Manchmal steht eine pilzförmige
Rauchwolke darüber. Sogar aus
der Entfernung spürst du, wie die
Luft sehr heiß wird.

*Im Sommer 2007 tobten Brände in großen
Teilen Griechenlands. Hier bekämpft ein
Löschflugzeug einen Feuersturm am Rande
Athens.*

Schnelle Flucht:
Bleib nie in der Nähe eines Feu-
ersturms. Fliehe so schnell du
kannst, wenn möglich im Auto.
Halte nicht an, um zurückzu-
schauen.

Eingeschlossen:
Ist der Feuersturm über dir, besteht
deine einzige Chance darin, ins
Wasser oder so tief wie möglich zu
kommen: in Gebäuden im Keller.
Im Wald versuche vom Feuer weg-
zukriechen und bedecke dein
Gesicht mit Kleidung.

Schon gewusst?

Feuerstürme können auch bei
Stadtbränden auftreten. Bei dem
Großfeuer, das 1666 fast ganz
London zerstörte, war dies wohl
der Fall.

Hurrikan

Im September 1998 verwüstete Hurrikan George die Küste von Puerto Rico.

Gefahren-Einstufung

Risiko-Einstufung: ☠ ☠ ☠ ☠
Schon jetzt gibt es jedes Jahr große Hurrikane, und die Experten meinen, dass es durch die Klimaerwärmung noch mehr werden.

Überlebenschance: 90 %
Hurrikane können tödlich sein. Aufgrund des Frühwarnsystems überleben aber die meisten Menschen.

Hurrikane sind die gewaltigsten Stürme der Welt. Sie bilden sich über dem Ozean, wenn bei großer Wärme viel Wasser verdunstet und aufsteigt. Dadurch wird immer mehr Luft angesogen, die sich schnell dreht und eine große Spirale wirbelnder Regenwolken bildet. Ein Hurrikan kann 500 km groß werden, mit Windgeschwindigkeiten von bis zu 290 km/h. Meist bewegen sich Hurrikane langsam übers Meer, bis sie auf Land stoßen, wo sie schlimme Verwüstungen anrichten können.

Was zu tun ist

Ein Hurrikan kommt:

Heutzutage werden Hurrikane durch Satelliten meist frühzeitig erkannt, sodass frühzeitig gewarnt werden kann. Wenn deine Familie zum Verlassen des Gebietes aufgefordert wird, tankt euer Auto voll und beladet es mit Notproviant, Wasser, Medikamenten und Decken und fahrt landeinwärts. Wenn noch Zeit ist, räumt alle Gartenmöbel etc. nach drinnen. Wenn ihr keine Holzläden habt, befestigt Sperrholzplatten vor den Fenstern.

Während des Sturms:

Am sichersten bist du drinnen in der Mitte von Gebäuden, weg von den Fenstern. Draußen suche dir irgendeinen Schutz, aber nicht unter einer Brücke, der Wind könnte sich dort noch beschleunigen. Bleib von Flutwasser fern und vermeide Strommasten, die auf dich fallen könnten.

Tipp Wenn es auf einmal ruhig wird, ist der Sturm nicht unbedingt vorüber. Wahrscheinlich befindest du dich gerade im »Auge«, der ruhige Mittelpunkt, des Hurrikans. Bleib, wo du bist, bis der Sturm ganz abgezogen ist.

Tornado

Tornados sind kleiner als Hurrikane, aber ihre Windgeschwindigkeit kann größer sein — bis 500 km/h. Sie bilden sich während Gewittern, wenn eine Luftsäule von einer Gewitterwolke nach unten steigt. Weitere Luft wirbelt darum herum und bildet einen kegelförmigen Windschacht. Die meisten Tornados sehen dunkel aus, weil ihre Winde Staub, Schmutz und Schotter mittragen. Tornados verwüsten Landstriche, zerstören Häuser und schleudern Autos herum, wenn sie übers Land fegen.

Was zu tun ist

Wenn ein Tornado kommt:
Gehe in den Keller eines Gebäudes oder in einen Erdgeschossraum in der Hausmitte. Suche Schutz unter einem schweren Tisch und lege Bettdecken um dich herum, sodass du besser vor herumfliegenden Gegenständen geschützt bist. In Wohnwagen bist du nicht sicher! Suche Schutz in einem massiven Gebäude.

Unterwegs:
Bist du im Auto unterwegs, steig sofort aus und renne an einen sicheren Ort: ein Gebäude oder zumindest einen Straßengraben. Tornados können Autos hochreißen und runterfallen lassen.

Vorzeichen

Manchmal kündigt sich die Bildung eines Tornados dadurch an, dass der Himmel ein merkwürdiges dunkles Grün annimmt.

2002 wütete ein Tornado mit Windgeschwindigkeiten von bis zu 509 km/h in Maryland/USA. In dem verwüsteten Ort La Plata starben zwei Menschen und 95 wurden verletzt.

Blizzard

Ein Blizzard ist ein heftiger Schneesturm, in dem starker Schneefall mit Wirbelwind zusammenfällt. Der dicht in der Luft umherwirbelnde Schnee beeinträchtigt die Sicht stark. Schneeverwehungen türmen sich auf und die Fortbewegung im Auto oder zu Fuß wird nahezu unmöglich sein. Draußen von einem Blizzard überrascht zu werden, ist äußerst gefährlich.

Gefahren-Einstufung

Risiko-Einstufung: ☠ ☠
Schwere Blizzards sind eher selten. Meist kann man sich noch in Sicherheit bringen.

Überlebenschance: 80 %
Wenn du schnell Schutz findest, bist du vor dem Blizzard sicher.

Was zu tun ist

Blizzard-Warnung:
Bleib zu Hause oder suche schnell Schutz an einem warmen Ort wie einem Geschäft. Lass Licht brennen, falls jemand in der Nähe vom Blizzard überrascht wird und Schutz sucht.

Du bist im Auto:
Halte an einem sicheren Platz und rufe mit dem Mobiltelefon Hilfe. Schalte Licht ein, damit dich die Retter leichter finden. Hülle dich, während du wartest, in Mäntel, Decken, Mützen, Handschuhe und alles Verfügbare ein.

Du bist zu Fuß:
Versuche mit dem Handy Hilfe zu rufen. Suche nach Lichtern, die zu einem Haus gehören, oder nimm jeden Schutz, der in der Nähe ist, wie z. B. eine Bushaltestelle oder Höhle. Ziehe alle Kleidung an, die du dabeihast, und bedecke Hände und Kopf, um Erfrierungen abzuwehren.

Dieser Schneepflug wurde 2005 in der Slowakei durch einen schweren Schneesturm zerstört.

Erfrierungen

Bei Erfrierungen im Körper gefrieren Blutgefäße in Körperteilen wie Zehen, Fingern oder Nase. In schlimmen Fällen werden diese schwarz und müssen amputiert werden.

Eissturm

Gefahren-Einstufung

Risiko-Einstufung: ☠ ☠
Eisstürme gibt es vor allem in den USA und Kanada, ein wirklich heftiger tobt alle paar Jahre.

Überlebenschance: 95 %
Die meisten Menschen überleben Eisstürme.

Durch einen Eissturm, der 1998 in Kanada und New York wütete, waren vier Millionen Menschen — teilweise wochenlang — ohne Strom.

Ein Eissturm muss nicht unbedingt wild und tobend verlaufen. Aber auch die ruhigen und friedlichen sind gefährlich. Eisstürme entstehen, wenn sehr kalter Regen auf Temperaturen unter dem Gefrierpunkt trifft. Der flüssige Regen gefriert, sobald er auf eiskalte Straßen, Häuser und Bäume fällt. Es baut sich eine dicke, schwere und glatte Eisschicht auf, die Autounfälle verursacht und Äste, Dächer und Leitungen zusammenbrechen lässt.

Was zu tun ist

Wenn ein Eissturm kommt:
Bleib drinnen. Herunterfallendes Eis, Äste, Stromleitungen können tödlich sein. Autofahren ist keine gute Idee, da die Straßen rutschig sind und umgefallene Bäume sie blockieren.

Ohne Strom:
Möglicherweise werden durch den Eissturm alle Elektro- und Kommunikationsleitungen zerstört und du bist von der Außenwelt ab-geschnitten. Warte drinnen auf Rettung.

Die Kälte bekämpfen:
Wenn die Heizung ausgefallen ist, versuche dich warm zu halten. Alle Personen sollten sich mit Decken, Mützen und Handschuhen in einem Raum aufhalten. Ist ein Kohle- oder Holzofen mit gutem Abzug im Haus, sollten sich alle darum zusammen-drängen.

Tipp Benutze niemals einen für draußen gedachten Grill drinnen als Heizung. Durch den giftigen Rauch sind während vergangener Eisstürme schon Menschen gestorben.

Hagel-schlag

Hagel ist der Niederschlag von harten Eiskügelchen. Er bildet sich in Gewitterwolken. Jedes Hagelkorn ist zunächst winzig klein wie ein Staub- oder Samenkorn. Starker Wind wirbelt es in der Wolke herum, wo es an eiskalte Regentropfen stößt, die sich als Eisschichten anlagern. Wenn das Hagelkorn schwer genug ist, fällt es, und Eis ist so schwer, dass sogar kleine Hagelkörner großen Schaden anrichten können. Manchmal schlagen aber auch Sturzbäche von riesigen Hagelkörnern auf.

XXL-Hagelkörner

Hagelkörner können klein wie Erbsen oder groß wie Golfbälle sein. Das größte bekannte Hagelkorn fiel 2003 in Nebraska, USA. Es hatte den unglaublichen Durchmesser von 18 cm.

Gefahren-Einstufung

Risiko-Einstufung: 💀 💀 💀 💀
In fast allen Teilen der Welt kommt es mehrere Male im Jahr zu Hagel.

Überlebenschance: 95 %
Hagel kann nur dann tödlich sein, wenn die Hagelkörner ungewöhnlich groß sind.

Was zu tun ist

Bei Hagelrisiko:

Hagel ist schwer vorherzusagen, tritt aber meist während Gewitter auf. Bei Gewitterwarnung bleib also lieber drinnen und vermeide vor allem abgelegene Gegenden.

Während des Hagels:

Bleib drinnen und abseits der Fenster, die vom Hagel zerschlagen werden könnten. Überrascht dich gefährlich starker Hagel draußen, suche Schutz in einem Hauseingang, unter einer Parkbank oder zur Not sogar unter einem parkenden Auto. Fährst du gerade mit dem Auto, halte an einer sicheren Stelle an und setz dich in die Mitte des Autos, fern der Scheiben. Achtung: Hagel macht die Straßen glatt!

Froschregen

Tatsächlich kann es nicht nur Frösche, sondern auch Kröten, Fische, Vögel, Quallen und andere Tiere regnen. Diese merkwürdigen Niederschläge sind äußerst selten, wurden aber überall auf der Welt berichtet. Experten meinen, dass eine Wasserhose — eine Art Tornado überm Wasser — Meeres- und Seebewohner hochsaugt und die Tiere übers Land trägt, wo sie dann runterfallen. Oder Vögelschwärme fallen vom Himmel, nachdem sie in Sturmböen geraten sind.

Gefahren-Einstufung

Risiko-Einstufung: ☠
Regnende Tiere sind selten. Noch kleiner ist die Wahrscheinlichkeit, dass eines auf dich fällt.

Überlebenschance: 95 %
Tierregen haben noch nicht viele Leben gekostet. Natürlich könnte ein herabfallendes Tier dich aber verletzen.

Was zu tun ist

Wenn es Tiere regnet:

Vorausgesagt werden kann dieses seltene Phänomen nicht. Wenn du dich plötzlich in einem Tierregen wiederfindest, suche nach Schutz. Die Gefahr ist, dass du zu erstaunt bist, um zu reagieren. Aber schon ein kleiner Fisch oder Frosch kann dich, wenn er aus großer Höhe auf dich herabfällt, ernsthaft verletzen.

Nach dem Regen:

Wenn das schlechte Wetter abgeklungen ist, wirst du versucht sein, die Tiere zu untersuchen. Pass aber auf: Sie können überlebt haben und beißen oder stechen.

Schon gewusst?

Tierregen gibt es schon seit Tausenden von Jahren. Frosch- und Fischregen wurden schon im Mittelalter und in der Antike verzeichnet.

Sandsturm

Von einem Sandsturm spricht man, wenn starker Wind große Mengen Sand aufnimmt und durch die Luft trägt. Dasselbe kann während einer Dürre mit Staub passieren. Staub- und Sandstürme sind gefährlich, weil der große Anteil von Staub und Sand in der Luft das Atmen und Sehen schwer macht. Sie können Auto- und Flugzeugunglücke verursachen und Häuser beschädigen.

Gefahren-Einstufung

Risiko-Einstufung: ☠ ☠ ☠
Sand- und Staubstürme gehören zum Alltag in Trockengebieten.

Überlebenschance: 90 %
Mit großer Wahrscheinlichkeit überlebst du einen Sandsturm, besonders, wenn dir ein Auto oder Gebäude Schutz bietet.

Was zu tun ist

Sei gut vorbereitet:
Halte die Augen offen, wenn du in trockene Gebiete reist — speziell, wenn vor Sandstürmen gewarnt wird. Nimm ein Notfallpaket mit, bestehend aus Schutzbrille, Atemmaske und Trinkwasser.

Wenn du einen Sandsturm siehst:
Renne in ein Gebäude und schließe alle Türen und Fenster. Wenn der Sturm noch weit weg ist, könntest du ihm im Auto noch entkommen. Wenn er aber nah ist, schließe Fenster und Lüftungen im Auto, schalte das Licht aus (andere Autos könnten sonst versuchen, dir zu folgen) und rühre dich nicht von der Stelle, bis der Sturm vorbei ist.

Du bist zu Fuß:
Schütze deine Augen mit einer Brille. Ziehe die Atemmaske an oder binde dir ein nasses Tuch vors Gesicht. Vermeide Niederungen und suche Schutz hinter einem Felsen. Wenn der Sturm da ist, rolle dich auf dem Boden zusammen und bedecke deinen Kopf mit den Armen.

Ein Habub — ein Sandsturm mit einer sich schnell bewegenden Sandmauer — erreicht einen Viehmarkt in Sudan.

Schon gewusst?

Kamele sind Sandstürme gewohnt und schließen lediglich ihre Augen und Nasenlöcher. Wenn sie sich hinsetzen, rolle dich neben ihnen zusammen.

Verschüttet im Sand

Ein Sandstrand oder eine Düne kann ungefährlich aussehen. Wenn aber plötzlich viel Sand auf dich drauffällt, ist die Lage ernst: Du könntest ersticken. Sowohl Wüsten- als auch Stranddünen können überraschend Sand über Menschen hereinbrechen lassen. Auch wenn du Tunnel oder Höhlen in Sand gräbst, kann er über dir zusammenbrechen. Das kann sogar bei einem tiefen, am Strand gegrabenen Loch passieren. Die Wände können zusammenstürzen und dich verschütten.

Was zu tun ist

Sei vorsichtig:
Meide Sanddünen bei Sturm und starkem Wind. Achte auf Warntafeln in Dünengebieten. Grabe niemals in Sanddünen und am Strand nicht zu große Löcher.

Sand fällt auf dich:
Wenn du noch reagieren kannst, springe aus dem Weg. Wirst du verschüttet, kugle dich zusammen und wölbe deine Hände vor deinem Mund, damit du atmen kannst. Bleib ruhig und warte auf Hilfe.

Wenn Sand jemand anderen verschüttet:
Du musst denjenigen so schnell wie möglich ausgraben. Schreie um Hilfe, damit so viele Menschen wie möglich mitgraben. Einer soll sofort einen Krankenwagen rufen.

Gefahren-Einstufung

Risiko-Einstufung: ☠ ☠
Jedes Jahr kommt es zu Sandunfällen. Du kannst sie durch das richtige Verhalten vermeiden.

Überlebenschance: 30 %
In Sand verschüttet zu werden, ist lebensgefährlich. Nur wer schnell rauskommt, kann überleben.

ACHTUNG
NICHT BETRETEN
GEFAHR DURCH
EINBRECHENDE
STOLLEN

Tipp Keine Angst, das Eimerfüllen und Ausheben von Sandburg-Gräben am Strand ist nicht gefährlich. Wenn du nie weiter als knietief gräbst, kann dir nichts passieren.

In New Jersey, USA, wurden 2006 Temperaturen über 41 °C erreicht.

Hitzewelle

Eine Hitzewelle ist eine Zeitspanne ungewöhnlich heißen Sommerwetters, mit Temperaturen deutlich über dem Durchschnitt. Die Kombination von Sonnenschein, Windstille und Luftfeuchtigkeit treibt die Temperatur nach oben. In Städten sind Hitzewellen schlimmer als auf dem Land, wo Bäume und andere Pflanzen einen kühlenden Effekt haben und die Temperaturen nachts sinken. In den Städten speichern Häuser und Straßen die Hitze. Hitze klingt erst mal nicht gefährlich. Hitzewellen fordern aber regelmäßig Tausende von Todesopfern.

Gefahren-Einstufung

Risiko-Einstufung: ☠ ☠ ☠
Jeden Sommer kommt es zu gefährlichen Hitzewellen. Experten glauben, dass es noch mehr werden.

Überlebenschance: 90 %
Von den von einer Hitzewelle betroffenen Menschen überleben die allermeisten. Sind ganze Länder betroffen, fordern sie meist viele Todesopfer.

Was zu tun ist

Wenn eine Hitzewelle angesagt ist:

Plane keine anstrengenden Aktivitäten wie Wanderungen, Sport oder Bauvorhaben. Decke dich mit Sonnencreme ein, besorge dir einen Sonnenhut und merke dir die Notrufnummern.

Während einer Hitzewelle:

Bleib über Mittag drinnen. Schalte die Klimaanlage an, sonst schließe Vorhänge und Jalousien und öffne die Fenster. Ventilatoren helfen, das Haus kühl zu halten. Trinke viel Wasser und andere Kaltgetränke, aber keinen Kaffee, starken Tee und Alkohol. Trage draußen immer einen Hut und ziehe leichte, lockere, langärmlige Kleidung an. Mach langsam und renne nicht durch die Gegend.

Gefahr durch Überhitzung

Speziell Alte, Kinder oder Kranke können durch Überhitzung zu Tode kommen. Die Anzeichen sind Hitzegefühl, Übelkeit, Schwindel, roter Ausschlag und das Fehlen von Schweiß. Rufe sofort einen Krankenwagen. Du selbst kannst den Betroffenen mit Wasser abkühlen.

Dürre

Eine Dürre ist ein Zeitraum ungewöhnlicher, anhaltender Trockenheit. Das Ausbleiben von Regen ist oft der Grund. Es gibt aber auch andere Ursachen, wie den zu hohen Wasserverbrauch durch die Landwirtschaft. In den meisten Ländern dauert die Dürre einige Wochen oder Monate, bevor schließlich wieder Regen fällt. Lang anhaltende Dürren können, speziell in armen Ländern, verheerende Auswirkungen haben. Die Menschen können keine Ernten einbringen, tödliche Hungersnöte und Wasserknappheit bedrohen die Bevölkerung, die nirgendwohin flüchten kann.

Gefahren-Einstufung

Risiko-Einstufung: ☠ ☠ ☠
Dürren sind normale Phänomene des Wettersystems.

Überlebenschance: 90 %
Es ist unwahrscheinlich, dass du eine gefährliche Dürre erlebst.

Die intensive Nutzung weniger Wasserstellen, wie hier in Mali, führt zur Ausbreitung von Krankheiten.

Was zu tun ist

Wenn eine Dürreperiode angekündigt ist:
Reduziere den Wasserverbrauch. Lass nicht unnötig Wasser laufen, dusche nur kurz oder bade mit wenig Wasser. Höre sofort auf, Rasenflächen und Gärten zu gießen.

Während der Dürre:
Spare Wasser, aber trinke ausreichend. Das trockene, heiße Wetter lässt dich schwitzen, sodass du viel trinken musst.

Wenn Wasser wirklich knapp wird, spare nicht beim Trinken, sondern beim Waschen! Befolge offizielle Weisungen, falls du das Gebiet verlassen musst. Dürre führt häufig zu weiteren Problemen wie Waldbränden oder Staubstürmen, sei also auf der Hut.

Tipp Eine Möglichkeit, Wasser zu sparen, ist das Auffangen von Regenwasser fürs Gartenbewässern.

In der Wüste

Wüsten sind extreme Trockengebiete mit äußerst schwierigen Lebensbedingungen. Es gibt reine Stein- oder Sandwüsten. In anderen wachsen Büsche oder Kakteen. Die meisten Wüsten sind tags heiß und nachts kalt. Durch viele Wüsten, z.B. in den USA oder Australien, führen viele Straßen. Fahrer können vom Weg abkommen oder Autopannen haben.

Gefahren-Einstufung

Risiko-Einstufung: ☠ ☠
Bei vielen Reisen passiert nichts, dennoch sind Wüsten gefährlich.

Überlebenschance: 60 %
Menschen können nur drei oder vier Tage ohne Wasser überleben. Wenn du aber vermisst wirst, solltest du rechtzeitig gefunden werden.

Was zu tun ist

Notausrüstung:
Wenn du durch eine Wüste reist, musst du Ersatzbenzin, energiereiche Nahrung, Decken, eine Karte, Sonnenhut und Brille und viel Wasser bei dir haben.

Autopanne:
Wenn du eine Autopanne hast, bleib beim Fahrzeug. Setz dich nach draußen in den Schatten, den das Auto wirft, drinnen ist es zu heiß. Setz dich auf eine Kiste o. Ä., der Boden ist viel heißer als die Luft. Bedecke dich mit weiter, langer Kleidung und einem Hut. Wickle dich nachts im Auto in Decken. Trinke so viel Wasser wie nötig. Wenn du zu Fuß bist, suche nach Felsen oder Bäumen, die Schatten spenden könnten.

SOS-Signale:
Versuche per Handy Hilfe zu holen. Lege aus Ästen oder Steinen ein großes Dreieck (internationales SOS-Signal). Reflektiere mit einem Spiegel Sonnenlicht, um Flugzeuge auf dich aufmerksam zu machen.

Im ewigen Eis

Forscher kämpfen sich durch Schnee und Eis vorwärts zum Südpol.

Die Pole sind die am weitesten nördlich oder südlich gelegenen Punkte der Erde, fern vom Äquator. Die Polarregionen sind eiskalt, fast ganz von Schnee und Eis bedeckt und von Winden gepeitscht. Nur wenige Menschen halten sich dort auf. Du könntest dort verschollen gehen, weil ein Expeditionsfahrzeug ausfällt oder dein Flugzeug abstürzt.

Was zu tun ist

Wenn du abstürzt oder eine Panne hast:

Versuche per Funk oder Telefon Hilfe herbeizuholen. Erstelle ein SOS-Signal aus Taschen, Kisten, Fahrzeugteilen o. Ä. Bleibt zusammen und beim Fahrzeug, es bietet Schutz. Gehe nicht weg. Du könntest in eine Gletscherspalte oder eiskaltes Wasser fallen oder von Schnee begraben werden. Halte deinen Körper vermummt und dränge dich dicht an die anderen Personen. Mit Benzin kannst du ein Feuer machen und Eis zu Trinkwasser schmelzen.

Gefahren-Einstufung

Risiko-Einstufung: ☠
Die wenigen Menschen, die an den Polen unterwegs sind, reisen gut organisiert und offiziell.

Überlebenschance: 20 %
Wegen der extremen Kälte sind die Überlebenschancen am Pol gering.

Wie kalt?

Die Durchschnittstemperatur in der Arktis (die Region um den Nordpol) liegt bei −22 °C. In der antarktischen Region um den Südpol ist es mit −50 °C sogar noch kälter.

In Bergnot

Viele Menschen gehen in den Bergen wandern, klettern, Ski laufen und Wildwasser fahren. Berge können aber auch furchteinflößend und gefährlich sein: mit ihren steilen Abhängen und Spalten, starken Winden, Schnee und Eis. Oft geraten Menschen in Bergnot, verlieren ihre Gruppe oder können wegen einer Verletzung, wie einem verstauchten Fußknöchel, nicht weiter.

Gefahren-Einstufung

Risiko-Einstufung: ☠ ☠ ☠
Da viele Menschen in die Berge gehen, kommt es auch häufig zu Verletzungen oder Notsituationen.

Überlebenschance: 70 %
Es hängt vom Berg ab: Auf manchen Bergen ist es lebensgefährlich, in Not zu geraten, auf den meisten aber wirst du gerettet.

Was zu tun ist

Triff Vorkehrungen:

Gehe nicht unvorbereitet in die Berge: Trage Wanderschuhe und wetterfeste Kleidung. Nimm Getränke, Proviant, eine Trillerpfeife und eine warme winddichte Jacke mit. Plane deine Route und gib jemandem Bescheid, wo du hinwillst und wann du zurückkommst. Bleib bei Schlechtwetterwarnung zu Hause.

Verirrt:

Ohne Wanderkarte orientiere dich nach Sicht. Bei Tageslicht und gutem Wetter solltest du einen sicheren Weg runterfinden. Folge Tälern und Bachläufen talwärts.

Der Abstieg über einen vereisten Abhang ist extrem schwierig und gefährlich.

Du steckst fest:

Schlechtwetter, Dunkelheit oder eine Verletzung kann dich auf dem Berg festhalten. Suche nach einem geschützten Platz und rufe wenn möglich mit dem Handy Hilfe herbei. Sonst blase sechsmal in deine Pfeife, warte eine Minute und wiederhole das. Kauere dich zusammen und warte auf Rettung.

Tipp Wenn du einen Rettungshubschrauber sichtest, signalisiere ihm, dass du Hilfe brauchst, indem du beide Arme wie für ein Y hochstreckst.

In einen Vulkankrater gefallen

Ein Vulkankrater ist eine schüsselförmige Mulde in der Spitze des Vulkans, wo bei einem Ausbruch Lava und Felsen herausgeschleudert werden. Diese runden Krater haben meist steile Wände und einen flachen Boden. Einige aktive Vulkane sind für Besucher freigegeben und manchmal stürzen Menschen in ihre Krater.

Was zu tun ist

Sei vernünftig!

Vulkane sind so aufregend, dass manche Besucher über den Kraterrand hinausklettern, um eine bessere Sicht zu haben. Tu das nie! Auf den steilen Abhängen und durch lose Steine kannst du leicht ins Rutschen geraten.

Schon gewusst?

Vulkane können über Jahre »schlafen«, das heißt, keine vulkanische Aktivität zeigen, und dann trotzdem wieder aktiv werden.

Wenn du in den Krater fällst:

Wirf alles weg, was du in den Händen hältst, und versuche Halt zu finden. Wenn du nicht mehr weiterrutscht, winke und rufe die anderen Besucher oben am Kraterrand. Versuche nicht, alleine zurückzuklettern, du könntest erneut rutschen, und manche Krater enthalten heiße Lava, heißes Wasser oder Dampffontänen, die zu ernsthaften Verletzungen führen. Bleib ruhig und warte auf Hilfe.

Der Krater eines aktiven Vulkans in Äthiopien

Gefahren-Einstufung

Risiko-Einstufung: ☠ ☠
Vulkankrater sind gefährlich. Die meisten Menschen zeigen deshalb richtiges, vorsichtiges Verhalten.

Überlebenschance: 50 %
Wenn du in einen Krater fällst, brauchst du Glück und Hilfe, um heil wieder herauszukommen.

Vom Fluss mit- gerissen

Flüsse sind häufig viel gefährlicher, als sie aussehen. Unter der Oberfläche können sich starke Strömungen oder Felsriffe befinden. Auch Wasser, das langsam zu fließen scheint, kann dich mitreißen und gegen Felsen schleudern. Um Schaden zu vermeiden, ist es also wichtig, in der Nähe gefährlicher Wasserläufe vorsichtig zu sein.

Gefahren-Einstufung

Risiko-Einstufung: ☠ ☠ ☠
Auch scheinbar harmlose Flüsse können Menschen mitreißen.

Überlebenschance: 40 %
Von einem Fluss mitgerissen zu werden, ist extrem gefährlich.

Schnell fließende Flüsse, wie hier der Brathay in Englands Lake District, sind besonders gefährlich.

Was zu tun ist

Vorsichtsmaßnahmen:
Bleib von Flussufern weg: Lehne dich nicht hinüber, um hineinzuspähen, das Wasser zu berühren oder etwas herauszufischen. Sei besonders vorsichtig bei nassen, rutschigen Steinen und schlammigen Stellen. Wate niemals durch einen Fluss, anstatt eine Brücke zu benutzen. Schwimme oder paddle nie in Flüssen, es sei denn an ausgewiesen sicheren Stellen unter Aufsicht von Erwachsenen.

Wenn du mitgerissen wirst:
Kämpfe nicht gegen die Strömung an, das kostet dich nur Kraft. Versuche stattdessen zur Seite zu schwimmen, um dem Ufer nahe zu kommen. Versuche um Felsen herumzusteuern. Wenn es möglich ist, klettere aus dem Fluss ans Ufer, wenn nicht, versuche einen Ast oder Stein am Ufer zu ergreifen. Klammere dich fest, rufe um Hilfe und warte auf Rettung.

Wasserkraft Schon 30 cm tiefes Wasser kann stark genug sein, dich umzuwerfen und mitzureißen.

Vom Wasserfall erfasst

Immer wieder geraten Menschen in Wasserfälle — viele sterben, auch wenn der Wasserfall gar nicht so hoch ist. Ein Wasserfall entsteht, wo ein Fluss über einen Felsvorsprung hinabfällt. Oft hat das auftreffende Wasser unten ein kleines Becken ausgespült.

Was zu tun ist

Höchste Vorsicht:

Schwimme, spiele und paddle niemals in Wasser stromaufwärts eines Wasserfalls. Stell dich nicht ans Ufer oder auf einen Stein nahe der Fallkante des Wasserfalls.

Du wirst erfasst:

Versuche sofort aus dem Wasser zu kommen oder klammere dich an einen Stein, eine Wurzel oder einen Ast, bis Rettung kommt. Wenn du über die Fallkante mitgerissen wirst, schütze deinen Kopf und halte die Luft an. Sobald du unten bist, tritt, um an die Oberfläche zu kommen, und lass dich vom Fluss weg vom Wasserfall tragen und versuche das Ufer zu erreichen.

Gefahren-Einstufung

Risiko-Einstufung: ☠ ☠
Wenn du in einen Fluss fällst, meist nicht an einer Stelle in der Nähe eines Wasserfalls.

Überlebenschance: 20 %
Es gibt immer wieder Überlebende bei Wasserfallstürzen — sie sind aber die Minderheit.

Der Money-Drop-Wasserfall in Rock Creek, Washington, USA

Schon gewusst?

1960 überlebte ein 7-jähriger Junge wie durch ein Wunder den Sturz über die Niagarafälle. Er trug eine Schwimmweste und wurde unten von einem Touristenboot gerettet.

Auf einem Boot im Meer treiben

Du kannst durch verschiedene Ursachen in Seenot geraten: Dein Motorboot kann eine Panne haben, der Sprit kann dir ausgehen oder du verlierst die Orientierung. Wenn du auf einem großen Schiff unterwegs bist, das sinkt, wirst du in einem Rettungsboot oder einer Rettungsinsel landen. Gefahren sind Kälte, Wind, Sonnenbrand und Trinkwasserknappheit.

Gefahren-Einstufung

Risiko-Einstufung: ☠ ☠ ☠
Es kommt häufig vor, dass Menschen in Seenot geraten, sie werden aber meist gerettet.

Überlebenschance: 75 %
In den meisten Fällen wird dich jemand vermissen und suchen lassen.

Was zu tun ist

Warm halten:
Wickle dich in alle Kleidungsstücke, auch in Regen- und Tauchkleidung. Schütze dich vor dem Wind.

Sonne meiden:
Bei starker Sonne kannst du einen schlimmen Sonnenbrand oder Hitzschlag bekommen. Schütze dich mit einem Hut oder einer Plane.

Wasser sammeln:
Wasser ist wichtiger als Nahrung. Iss nur, wenn du auch Wasser hast, da das Verdauen von Essen Wasser im Körper verbraucht. Trinke Süßwasser, wenn du es brauchst. Fange Regenwasser auf und lagere es sicher. Eisschollen kannst du schmelzen, sie sollten aus Süßwasser sein. Trinke kein Meerwasser, wenn du keine Trinkwasseraufbereitung dafür in deiner Rettungsinsel hast.

Hilfe holen:
Siehst du ein Flugzeug oder Schiff, gib Signale mit einem Leuchtgeschoss, mit einer Taschenlampe oder reflektiere mit einem Spiegel das Sonnenlicht. Ist Land in Sicht, paddle mit den Händen.

Tipp Spüle Plastikplanen u. Ä. im Meerwasser aus, bevor du Regen darin sammelst, um den salzigen Gischtniederschlag abzuwaschen, der dein Trinkwasser salzig machen könnte.

Ohne Boot im Meer treiben

Was passiert, wenn dein Boot sinkt und du im offenen Meer schwimmst? Deine Situation ist äußerst gefährlich, aber es gibt einige Verhaltensregeln, die dir helfen können zu überleben. Die wichtigste ist: Bleib ruhig und spare so viel Energie wie nur möglich.

Gefahren-Einstufung

Risiko-Einstufung: 💀 💀
Die meisten Boote haben Rettungsflöße.

Überlebenschance: 30 %
Es gibt Menschen, die diese Situation überlebt haben, obwohl sie lange im Meer getrieben sind.

Was zu tun ist

Wenn dein Boot sinkt:
Greife nach irgendetwas, das dich über Wasser halten kann, wie eine Rettungsweste oder ein hölzernes Wrackteil. Schwimme weg vom sinkenden Schiff, es kann dich sonst mit nach unten ziehen.

Über Wasser bleiben:
Wenn du kein Floß hast, versuche eines zu improvisieren, indem du eine Hose oder ein Oberteil aufbläst. Verknote Arm- bzw. Beinöffnungen, blase Luft hinein und halte es zu. Du wirst es immer wieder aufpusten müssen. Tritt währenddessen so ruhig es geht Wasser. Spare deine Energie fürs Warmhalten, Winken und Rufen, wenn du ein Schiff siehst.

Ist das ein Hai?

Keine Angst, wenn dich unter Wasser etwas berührt. Wahrscheinlich ist es kein Hai. Haiangriffe sind äußerst selten. Es dürfte eher ein kleinerer Fisch oder sogar ein freundlicher Delfin sein. Delfine helfen häufig Menschen in Seenot.

Schau nach schwimmenden Gegenständen, die du als Floß nutzen kannst.

Dünnes Eis

Du solltest grundsätzlich nicht über Eis laufen, wenn es sich vermeiden lässt. Es kann aber trotzdem passieren, dass du auf Eis landest, z.B. nach einem Absturz oder Unfall. Ab 10 cm Dicke kann Eis einen Menschen tragen. Aber selbst wenn sich das Eis sicher anfühlt, kann es, besonders auf zugefrorenen Flüssen, dünnere Stellen haben, an denen du einbrechen könntest.

Gefahren-Einstufung

Risiko-Einstufung: ☠ ☠ ☠ ☠
An vielen Stellen gefriert Wasser jeden Winter, sodass du leicht in Schwierigkeiten gerätst.

Überlebenschance: 90 %
Wenn du schnell vom Eis runterkommst, bist du außer Gefahr.

Was zu tun ist

Kein Risiko:

Gehe niemals auf einen zugefrorenen See oder Fluss, nur um zu gucken, was passiert. Auch nicht für wenige Sekunden, um schnell einen Ball zurückzuholen — das Eis kann brechen. Es gibt Aktivitäten auf dickem Eis, wie z.B. Eisangeln, aber nur, wenn das Eis sorgfältig überprüft wurde.

Du befindest dich auf dünnem Eis:

Lege dich hin und breite die Arme aus, um dein Gewicht zu verteilen. Gleite oder rolle dich in Richtung des Eisrandes. Meide Stellen, wo das Eis gebrochen ist, und steuere dickes Eis an: Es ist klarer und blauer als dünnes. Wenn um das Eisstück, auf dem du liegst, Risse entstehen, bewege dich nicht und rufe um Hilfe.

Hunde-Rettung

Oft riskieren Menschen ihr Leben, um ihre Hunde, die auf dünnes Eis weggelaufen sind, zu retten. Tu das nie! Du bist wahrscheinlich schwerer als dein Hund, und außerdem können sich Hunde oft sehr gut selber helfen, sogar wenn sie eingebrochen sind.

In Eis einbrechen

Da das Wasser unter Eis sehr kalt ist, ist es sehr gefährlich, in Eis einzubrechen. Menschen können nur wenige Minuten in eiskaltem Wasser überleben, bevor sie unterkühlen und das Bewusstsein verlieren. Man kann auch in ein Eisloch fallen, unter das umgebende Eis geraten, den Ausstieg nicht finden und so ertrinken.

Was zu tun ist

Du brichst ein:

Wenn du merkst, dass du einbrichst, lehne dich zurück, um den Kopf über Wasser zu halten. Das kalte Wasser lässt dich keuchen. Bleib ruhig und tritt Wasser.

So kommst du raus:

Drehe dich in die Richtung, aus der du gekommen ist. Lege deine Arme aufs Eis und versuche aus dem Loch zu »schwimmen«. Vielleicht musst du eine Pause machen, wenn dein Oberkörper schon auf dem Eis liegt, die Beine aber noch im Wasser sind. Stoße dich nun von der Eiskante auf der anderen Seite ab. Bricht das Eis, rutsche nach vorn und versuche es noch mal.

Jemand anderes bricht ein:

Oft sterben Menschen beim Versuch, aufs Eis zu gehen, um Eingebrochene zu retten. Stattdessen sollten Retter der Person ein Seil zuwerfen und sie rausziehen (oder zusammengebundene Schals o. Ä.). Wenn ein Betreten des Eises unvermeidbar ist, sollte sich der Retter ein Seil um die Taille binden und das andere Ende an etwas Festem auf Land sichern und dann übers Eis kriechen, nicht gehen.

Tipp Vielleicht kannst du Taschenmesser, Schlüssel oder ein Schmuckstück ins Eis rammen, um dich besser rausziehen zu können.

Treibsand

Dieses Elefantenjunge ist zum Trinken in ein Wasserloch gegangen und dabei in Treibsand geraten.

Gefahren-Einstufung

Risiko-Einstufung: ☠ ☠
Gefährlicher Treibsand ist rar.

Überlebenschance: 90 %
Es ist ziemlich einfach, aus Treibsand herauszukommen, wenn du weißt, was du zu tun hast.

In Filmen sieht man häufig, wie Menschen binnen Sekunden im Treibsand versinken. Das ist nicht wirklich so. Treibsand kann sich überall bilden, wo Sand oder sandiger Schlamm mit Wasser gesättigt ist. Es entsteht eine lockere, halbflüssige Substanz, in die man einsinken kann. Da du aber in Treibsand wie in Wasser schwimmen kannst, wirst du nicht untergehen.

Was zu tun ist

Meide Treibsand:

Halte nach Treibsand Ausschau, wenn du an Stränden und in anderen sandigen Gebieten unterwegs bist. Er ist schwer zu erkennen, aber wenn du darauftrittst, fühlt sich der Boden wackelig an. Mit einem langen Stock kannst du den Boden auf Treibsand überprüfen.

Wenn du in Treibsand feststeckst:

Wenn du über Treibsand läufst, könntest du anfangen zu sinken. Wirf alles schwere Gepäck weg und versuche deine Schuhe loszuwerden. Lehne dich zurück und lege dich auf deinen Rücken, und zwar, bevor du tiefer als bis zum Bauch einsinkst. Während du auf dem Rücken treibst, ziehe deine Beine langsam wieder nach oben an die Oberfläche. Dann kannst du dich rollend oder schlängelnd in Sicherheit bringen.

Tipp Je mehr Treibsand vibriert und geschüttelt wird, umso flüssiger wird er. Deshalb lassen dich panische, hektische Bewegungen nur schneller sinken. Nur wenn du deine Beine gerade rausziehst, kann es helfen, sie zu schütteln.

Treibsand ist wirklich schwer zu erkennen, weil er oft wie ganz normaler Sand aussieht

Im Sumpf

Ein Sumpf ist ein Feuchtgebiet mit einer Kombination aus Schlamm, Wasser und moorigem Untergrund, meist mit Bäumen, Gras und Wasserpflanzen. Es kann schwierig sein hinauszufinden, weil du nicht weit sehen und leicht in hüfttiefes Wasser gelangen kannst. Schwierig ist es auch, wenn du im Schlamm feststeckst.

Was zu tun ist

Sumpf-Regeln:

Außer mit einer organisierten Gruppe oder einem ortskundigen Führer solltest du Sümpfe meiden. Gerätst du dennoch in einen, tritt auf Gras- und Wasserpflanzenbüschel. Teste, wenn möglich, den Untergrund mit einem langen Stock, bevor du drauftrittst. Meide Tümpel und flache, matschige Stellen, wo du einsinken könntest.

Wenn du feststeckst:

Wenn du spürst, dass du im Matsch einsinkst, lege dich schnell hin und rolle dich oder schwimme auf festeren Grund. Wenn deine Füße schon festsitzen, versuche dich an einem Ast herauszuziehen.

Verirrt:

Wenn du weißt, dass jemand nach dir suchen wird, finde einen sicheren Platz, um zu warten. Ein Baum wäre ein guter Platz, da du vor Sumpfbewohnern wie Krokodilen geschützt bist und von dort gut Rettungshubschraubern winken kannst.

Gefahren-Einstufung

Risiko-Einstufung: ☠ ☠
Es ist unwahrscheinlich, dass du jemals in einem Sumpf landest.

Überlebenschance: 60 %
Aus einem Sumpf rauszukommen, kann sich schwierig gestalten, zumal wenn er voller Krokodile ist.

Sumpfüberlebender

2007 geriet ein australischer Farmer in ein krokodilreiches Sumpfgebiet, weil sein Pferd dort hineingelaufen war. Er wurde von einem Suchhubschrauber lebend gefunden, nachdem er sieben Nächte auf einem Baum verbracht hatte.

Tücken der Flut

Die Schwerkraft des Mondes führt an den Küsten zu Ebbe und Flut. Zweimal am Tag steigt und fällt das Wasser. Manchmal kann man eine geschützte Bucht, Insel oder Höhle bei Niedrigwasser gut erreichen. Wenn aber die Flut mit ihrem steigenden Wasser kommt, schneidet sie dir den Weg ab. Du könntest z. B. zwischen dem steigenden Wasser und hohen Klippen eingeschlossen werden.

Gefahren-Einstufung

Risiko-Einstufung: ☠ ☠ ☠ ☠
Durch die Flut abgeschnitten zu werden, kann schnell und fast ohne Vorwarnung passieren.

Überlebenschance: 90 %
Wenn du früh Hilfe rufst, wirst du wahrscheinlich gerettet.

2005 starben 21 chinesische Einwanderer in Morecambe Bay, England, als sie beim Muschelsuchen von der rasch steigenden Flut erfasst wurden.

Was zu tun ist

Gezeiten beobachten:

Achte am Strand immer darauf, wo du bist und wie nah dir das Wasser ist. Meide Stellen, die bei Flut abgeschnitten werden können. Im Voraus kannst du den Gezeitenstand an Infotafeln am Strand oder im Internet raussuchen.

Abgeschnitten:

Rufe wenn möglich sofort Hilfe mit dem Handy herbei. Rufe den Notruf und verlange die Küstenwache, die dich per Boot oder Hubschrauber retten kann. Ansonsten versuche so laut zu schreien, dass dich jemand an Land oder auf einem Schiff hört.

Tipp Spiele nie in Höhlen am Meer. Die Flut könnte hineinsteigen, während du gerade drinnen bist und sie nicht kommen siehst.

Rippströmung

Brandungsrückstrom, auch Rippströmung oder Trecker, hat mit den Gezeiten nichts zu tun, sondern ist eine starke Wasserströmung vom Strand ins offene Meer. Sie bildet sich, wenn das Wasser, das mit der Brandung an den Strand kommt, nur durch schmale Lücken in Sandbänken wieder zurück ins Meer fließen kann. Rippströmung kann Schwimmer ins Meer hinausziehen.

Surfer nutzen Strömungen, um weiter rauszukommen.

Was zu tun ist

Rippströmung meiden:

Manchmal kann man Rippströmung daran erkennen, dass das Wasser ruhiger, flacher und blauer als die umgebenden Wellen ist. Zudem sollte man bei Ebbe nicht schwimmen gehen, weil Rippströmung dann häufiger vorkommt. Schwimme auch nicht in der Nähe von Molen und Anlegern.

Wenn dich die Strömung erfasst hat:

Wenn du merkst, dass dich das Wasser rauszieht, versuche ruhig zu bleiben. Wenn Menschen in Rippströmung ertrinken, dann, weil sie versuchen, gegen die Strömung anzuschwimmen. Tritt stattdessen Wasser, bis die Rückströmung aufhört, und schwimme dann zurück zum Strand. Als guter Schwimmer kannst du versuchen, seitlich wegzuschwimmen, um zu entkommen.

Gefahren-Einstufung

Risiko-Einstufung: ☠ ☠ ☠ ☠

Rippströmung ist sehr häufig und Tausende von Menschen werden jedes Jahr davon erfasst.

Überlebenschance: 90 %

Mit dem richtigen Verhalten kannst du Rippströmung überleben.

Ganz schön schnell

In einer Rippströmung kann das Wasser bis zu 10 km/h schnell fließen. Wenn du rennst, sind 10 km/h langsam, sie sind aber wesentlich schneller, als du schwimmst.

Boa constrictor

Boas und Pythons sind Würgeschlangen. Das heißt, sie winden ihren Körper um ihre Beute und erwürgen sie, anstatt ih einen tödlichen Giftbiss zu geben. Die Opfer ersticken, wenn sich der Schlangenkörper immer fester um sie schließt. Dann öffnet die Schlange ihr Maul weit und verschlingt ihre Beute im Ganzen. Auch eine Schlange, die zu klein ist, einen Menschen zu fressen, könnte ihn erwürgen. Würgeschlangen kommen am häufigsten in tropischen Regionen vor.

Was zu tun ist

Vorsicht:

Meide Schlangen, wenn du sie in freier Wildbahn antriffst. Auch mit Schlangen, die Menschen als Haustiere halten, sei vorsichtig: Lass eine Würgeschlange sich nie um deinen Körper oder Hals winden.

Bei einem Angriff:

Wenn sich eine Würgeschlange um dich windet, bleib ruhig, hole tief Luft und halte den Atem an. Die Schlange wird den Moment nutzen, wenn du ausatmest, um zuzudrücken. Versuche den Kopf der Schlange zu kontrollieren und ihren Körper abzuwickeln. Versuche Hilfe dafür zu bekommen. Wenn du frei bist, renne weg oder schließe die Schlange ein.

Gefahren-Einstufung

Risiko-Einstufung: ☠ ☠
Von einer Schlange erwürgt und verschlungen zu werden, ist unwahrscheinlich. Es kommt aber vor.

Überlebenschance: 60 %
Die meisten Schlangen sind zu klein, um dich zu verschlingen. Mit Hilfe kannst du entkommen.

Schon gewusst?

Große Würgeschlangen wie der Netzpython oder die Anakonda können 7 bis 10 Meter lang werden und ganze Bären oder Antilopen, aber auch Menschen verschlingen.

Klapperschlange

Es gibt ungefähr 50 Unterarten Klapperschlangen. Sie leben in Nord-, Zentral- und Südamerika, vor allem in trockenen, heißen Gegenden. Diese äußerst gefährlichen Schlangen haben ihren Namen von einer »Rassel« aus Hornringen an ihren Schwanzenden. Wenn sie sich bedroht fühlen, schütteln die Schlangen ihre Rassel zur Warnung. Das hilft dir dabei, Klapperschlangen aus dem Weg zu gehen. Wirst du gebissen, brauchst du sofort Hilfe.

Was zu tun ist

Sei schlau:

Wenn du in Klapperschlangen-Regionen unterwegs bist, trage feste, geschlossene Schuhe und lange Hosen. Stecke niemals eine Hand in Büsche oder Löcher, ohne sie zuvor überprüft zu haben.

Abstand halten:

Wenn du eine Klapperschlange hörst oder siehst, zieh dich langsam zurück. Denn schnelle Bewegungen könnten sie erschrecken. Niemals solltest du eine Klapperschlange ärgern, jagen oder hochheben. Die meisten Bisse passieren dabei.

Gefahren-Einstufung

Risiko-Einstufung: ☠ ☠ ☠
In großen Teilen Amerikas sind Klapperschlangen weit verbreitet.

Überlebenschance: 80 %
Nicht alle Klapperschlangenbisse sind tödlich, zudem gibt es Gegengifte, sodass du wahrscheinlich überlebst.

Wenn du gebissen wirst:

Du musst so schnell wie möglich in ein Krankenhaus, um ein Gegengift zu bekommen. Bewege dich nicht und halte den gebissenen Körperteil niedriger als dein Herz. Bewegung brächte nur deinen Blutkreislauf in Schwung und verteilte das Gift schneller. Entferne Schmuck und Uhren, falls Schwellungen entstehen. Wenn möglich, wasche den Biss mit Wasser und Seife.

Tu das nicht!

Schneide nicht in den Biss, versuche nicht, das Gift herauszusaugen, und binde die Bissstelle nicht ab: All das kann deine Lage verschlechtern.

Die Diamant-Klapperschlange ist eine der größten und gefährlichsten Klapperschlangen.

Kobra-Angriff

Kobras sind hochgiftige Schlangen. Die verschiedenen Arten sind in Südasien oder Afrika beheimatet. Fühlt sich eine Kobra bedroht, richtet sie den Vorderteil ihres Körpers auf und spreizt ihren Nackenschild. Dann greift sie möglicherweise an. Kobragift ist gefährlich, da es als Nervengift zu Atem- und Herzstillstand führen kann. Gegengift und künstliche Beatmung können helfen.

Gefahren-Einstufung

Risiko-Einstufung: ☠ ☠
Kobras beißen dich nur, wenn sie sich in die Enge getrieben fühlen. Bleibe ruhig und gehe weg.

Überlebenschance: 70 %
Außer den Biss einer Königskobra kannst du jeden Kobrabiss überleben.

Was zu tun ist

Aufgerichtete Kobra:
Das bedeutet, dass sie sich ärgert oder bedroht fühlt und vielleicht beißt. Weiche zurück und halte mindestens eine Schlangenlänge Abstand. Eine Kobra kann ihren Körper überraschend nach vorne werfen.

Du wirst gebissen:
Du musst schnell ins Krankenhaus. Bewege dich nicht und versuche den gebissenen Körperteil unten zu halten. Präge dir das Aussehen der Kobra ein, damit der Arzt die Art identifizieren kann.

Schon gewusst?

Speikobras, die es in Afrika gibt, können ihren Opfern aus über zwei Metern Entfernung Gift in die Augen spucken.

Diese Brillenschlange fühlt sich bedroht — halte Abstand.

Vampirfledermaus

Blutsaugende Fledermäuse gibt es nicht nur in Comics und Filmen — sie existieren wirklich. Es gibt drei Sorten, von denen aber nur eine, in Amerika beheimatete Art Säugetiere, und damit auch Menschen, angreift. Vampirfledermäuse ernähren sich ausschließlich von Blut, meist dem von Rindern.

Gefahren-Einstufung

Risiko-Einstufung: ☠ ☠
Vampirfledermäuse gibt es nur in einigen südamerikanischen Ländern.

Überlebenschance: 90 %
Der Fledermaus-Biss selbst ist nicht sehr gefährlich, aber er kann Tollwut übertragen. Schnelle Behandlung ist also wichtig.

Die Vampirfledermaus macht mit ihren scharfen Vorderzähnen schmerzfrei einen kleinen Schnitt in die Haut.

Was zu tun ist

Schütze dich:
Achte in Gebieten mit Vampirfledermäusen darauf, dass dein Haus, deine Hütte oder dein Zelt keine Öffnungen hat, und schließe nachts alle Fenster. Auch ein Moskitonetz hält Fledermäuse ab.

Bisse erkennen:
Vampirfledermausspeichel enthält ein Betäubungsmittel, sodass du nicht aufwachst, wenn sie dich beißt. Ein Biss ist schwer zu erkennen. Suche nach kleinen gebogenen Schnitten oder Ratschern.

Flügelfüße

Obwohl Vampirfledermäuse fliegen können, nähern sie sich ihren Opfern »zu Fuß«, um sich besser anschleichen zu können. Dazu falten sie ihre Flügel und benutzen sie als Füße.

Wenn du einen Biss vermutest:
Gehe binnen 24 Stunden in ein Krankenhaus und lass dich gegen Tollwut behandeln, die unbehandelt schwerwiegende Folgen hat.

Krokodile

Gefahren-Einstufung

Risiko-Einstufung: ☠ ☠ ☠
Die meisten Krokodile wollen Menschen nicht fressen, trotzdem kommt es oft zu Angriffen.

Überlebenschance: 25 %
Bei einem Krokodil- oder Alligatorangriff brauchst du sehr viel Glück, um davonzukommen.

Krokodile und Alligatoren sind große, gefährliche, im Wasser lebende Reptilien mit scharfen Zähnen und starken Kiefern. Sie leben in Flüssen, Seen, Sümpfen, Flussmündungen und selten sogar im Meer. Krokodile haben spitzere Schnauzen als die vor allem in Amerika beheimateten Alligatoren mit ihren breiteren Mäulern. Beide Arten sind gefährlich und ähneln sich in ihrem Verhalten.

Was zu tun ist

Gefahren kennen:

In Krokodil-Gebieten schwimme und paddle nicht, lass deine Füße nicht ins Wasser hängen. Setze dich nicht ans Ufer, auch wenn das Wasser leer aussieht. Krokodile verstecken sich gern, um dann blitzschnell aus dem Wasser zu schießen.

Krokodil oder Alligator in Sicht:

Wenn du im Wasser bist, verlasse es sofort und verschwinde. Krokodile können schneller schwimmen als du. Wenn eines hinter dir herrennt, lauf so schnell du kannst, es wird bald müde werden.

Es erwischt dich:

Schlage das Krokodil wiederholt auf die Schnauze — am besten mit einem Gegenstand — und schreie laut. Wenn du freikommst, lass dich sofort in einem Krankenhaus untersuchen, denn ein Kroko-Maul enthält viele Krankheitserreger.

Tipp In Comics versuchen manchmal Menschen ein Krokodilmaul mit einem Stock aufzuhebeln. Versuche das gar nicht erst: Krokodile und Alligatoren haben unglaublich kräftige Kiefer. Ein Schlag auf die Nase ist wirkungsvoller.

Hyäne

Hyänen leben in Afrika und Asien. Sie ähneln ein bisschen Hunden, haben aber längere und dickere Hälse mit kräftigen Muskeln, die den Hyänen ihre enorme Beißkraft verleihen. Ihre Kiefer gehören zu den stärksten im Tierreich. Hyänen ernähren sich meist von toten Tieren; nur eine Art, die Tüpfelhyäne, ist ein aktiver Jäger. Hungrige Hyänen können Menschen angreifen oder sogar im Rudel Dörfer überfallen.

Die Tüpfelhyäne kann Menschen gefährlich werden.

Was zu tun ist

Gefahr vermeiden:
Hyänen sind vorwiegend nachts aktiv. Schlafe also nicht draußen oder streune nachts herum. Achte auf die typischen Schreie der Hyänen. Hyänen greifen bevorzugt junge, schwache oder kranke Beute an — bringe solche Mitreisende in Sicherheit.

Wenn du Hyänen siehst:
Halte dich, außer im Rahmen einer geführten Tour, immer von Hyänen fern. Wenn sich dir Hyänen nähern, bringe dich schnell in Sicherheit (Fahrzeug, Gebäude, Baum), bevor sie dich umzingeln.

Bei einem Angriff:
Wenn Hyänen Menschen angreifen, gehen sie oft sofort auf den Hals oder Kopf los, um einen tödlichen Biss anzubringen. Du kannst dich vielleicht einige Sekunden verteidigen, indem du etwas zwischen dich und die Hyäne bringst.

Schon gewusst?
Die meisten Tieren nagen an Knochen, Hyänen zerbrechen sie einfach. Nicht einmal Bären können das. Hyänen nutzen ihre kräftigen Kiefer dazu, wirklich den letzten Rest ihrer Beute zu zermahlen und zu verwenden, auch die Knochen.

Hund

Für die meisten Menschen sind Hunde anhängliche Freunde. Aber sie haben sich aus wilden Tieren dazu entwickelt und verfügen noch über viele natürliche Instinkte, wie die Jagd, die Verteidigung ihres Territoriums usw. Ein angreifender Hund kann mit seinen scharfen Zähnen und starkem Kiefer gefährlich werden. Millionen Menschen werden jedes Jahr gebissen, Hunderte sterben daran.

Hunde haben lange, scharfe Zähne zum Töten ihrer Beute.

Gefahren-Einstufung

Risiko-Einstufung:

☠ ☠ ☠ ☠ ☠

Hunde sind überall und du solltest sie al[s] ständige mögliche Gefahr betrachten.

Überlebenschance: 95 %

Die meisten Menschen, die gebissen we[r]den, überleben.

Was zu tun ist

Vorsichtig mit fremden Hunden:

Obwohl das Spielen und Herumtoben mit einem Hund großen Spaß machen kann, verzichte darauf mit fremden Hunden oder wenn der Besitzer nicht da ist. Willst du einen Hund berühren oder streicheln, frage immer zuerst den Halter. Halte dich von Hunden fern, die ihr Territorium — z.B. ihren Hof — oder ihre Welpen bewachen.

Gefahren-Anzeichen wahrnehmen:

Ein zorniger Hund wedelt manchmal sehr schnell mit dem Schwanz, stellt seine Ohren auf, knurrt oder starrt dich an. Sieh ihm nicht in die Augen, sonst fühlt er sich bedroht. Renne auch nicht weg, sonst will er dich verfolgen. Bleib aufrecht stehen und schicke ihn mit ruhiger Stimme weg. Bringe dich langsam in Sicherheit.

Wenn ein Hund angreift:

Rolle dich zusammen und schütze Gesicht und Hals. Lieg so ruhig du kannst, bis der Hund von dir abläst oder Hilfe kommt.

Tollwutgefahr

Solltest du jemals gebissen werden, gehe zum Arzt. In vielen Ländern können Hunde Tollwut übertragen.

Wolfsrudel

In Märchen werden Wölfe als böse und gefährlich beschrieben, obwohl sie in Wirklichkeit viel ungefährlicher als Hunde sind. Die bevorzugte Beute dieser Rudeltiere sind alte, kranke oder schwache Mitglieder einer Herde vierbeiniger Tiere. Möglicherweise meiden Wölfe die Menschen, weil sie sie an Bären erinnern.

Was zu tun ist

Halte dich fern:

Oft leben Wölfe in bergigen, bewaldeten, kalten Regionen und meiden Menschen. Wenn du welche siehst, halte dich fern, besonders, wenn du einen Hund dabeihast. Die Wölfe könnten ihn als Bedrohung empfinden und angreifen. Bleib mit anderen zusammen.

Bei einem Angriff:

Wenn das Wolfsrudel Beute gefunden hat, pirscht es sich an und nähert sich ihr im Gänsemarsch oder kreist sie ein. Wenn das bei dir in der Nähe passiert, bringe dich auf einem Baum, in einem Gebäude oder Fahrzeug in Sicherheit oder reiße die Arme hoch, um die Wölfe abzuschrecken.

Tollwut:

Ein einsamer Wolf könnte dich angreifen, wenn er Tollwut hat, da diese tödliche Krankheit Tiere aggressiv macht. Verhalte dich wie bei einem Hundeangriff.

Gefahren-Einstufung

Risiko-Einstufung: ☠
Obwohl Wölfe Menschen leicht töten können, greifen sie diese eigentlich nie an.

Überlebenschance: 70 %
Wenn Wölfe zum Angriff übergehen, sind sie hochgefährlich.

Schon gewusst?

Wölfe heulen nicht, um Menschen Angst zu machen, sondern um mit anderen Rudelmitgliedern zu kommunizieren.

Nilpferd

Oft wird die Gefährlichkeit von Flusspferden unterschätzt. Sie wirken langsam und tapsig, wenn sie friedlich grasen oder sich im Wasser treiben lassen. Flusspferde sind aber groß und kräftig, haben sehr scharfe Zähne und können überraschend schnell — bis zu 40 km/h — laufen. In ihrer Heimat Afrika sind sie für Hunderte von Todesfällen verantwortlich, für mehr als z.B. durch Löwen.

Risiko-Einstufung: ☠ ☠
Nilpferde stellen in Afrika ein gewisses Risiko dar. Richtiges Verhalten verringert es deutlich.

Überlebenschance: 60 %
Greift ein Flusspferd dich an, musst du sehr schnell rennen, um zu entkommen.

Den Tag verbringen Flusspferde gern im Wasser, nachts grasen sie an Land.

Was zu tun ist

Nilpferde verstehen:

Als Pflanzenfresser sind Flusspferde nicht darauf aus, Menschen zu fressen. Sie greifen an, wenn sie sich bedroht fühlen oder ihre Jungen schützen wollen. Stell dich an Land nie zwischen ein Flusspferd und das Wasser. Im Boot achte darauf, ein schwimmendes Flusspferd nicht mit deinem Paddel anzustoßen. Es könnte dein Boot einfach umkippen oder entzweibeißen. Meide Flusspferde nachts, wenn sie in höchster Alarmbereitschaft sind.

Wenn ein Flusspferd angreift:

Gegen ein Flusspferd zu kämpfen, ist chancenlos, also renne! Flusspferde können zwar schnell laufen, ermüden aber rasch. Flüchte wenn möglich in ein Gebäude oder großes Fahrzeug, oder bringe Bäume oder Felsen zwischen dich und das Flusspferd, damit es etwas gebremst wird. Wenn das Flusspferd aufholt, laufe im Zickzack.

Schon gewusst?

Flusspferde sind riesig! Sie können bis zu 4 m lang und 3600 kg schwer werden — so schwer wie 50 Erwachsene.

Elefant

Elefanten-Wut

Experten mutmaßen, Elefanten könnten wegen der Jagd auf ihre Art angriffslustiger gegen Menschen werden.

Elefanten sind die größten Landbewohner der Erde. Männliche Afrikanische Elefanten können über 3,5 m hoch und 7500 kg schwer werden. Wie Flusspferde können sie schnell rennen — bis zu 40 km/h. Ein Angriff durch einen Elefanten kann also tödlich sein. Weibliche Elefanten greifen manchmal an, um ihre Familie zu schützen, während Elefantenbullen öfter in einen als »Musth« bekannten Zustand erhöhter Aggressivität kommen. Es kommt zu Hunderten von Todesfällen durch Elefanten jedes Jahr.

Was zu tun ist

Wenn ein Elefant angreift:

Renne und suche die Sicherheit eines starken Gebäudes oder flüchte hinter einen großen Felsen oder auf einen hohen Baum. Wenn du im Zickzack läufst, verwirrt das den Elefanten vielleicht. Wirf im Laufen zur Ablenkung irgendein Gepäckstück zur Seite. Ein Elefant greift an, indem er versucht, dich niederzutrampeln, mit dem Kopf zu stoßen oder mit den Stoßzähnen aufzuspießen. Kugle dich zusammen, schütze deinen Kopf und versuche wegzurollen.

In Asien und Afrika:

In ihrer Heimat sind Elefanten eine begehrte Touristenattraktion. Nähere dich ihnen niemals allein, sondern immer nur mit einem Führer.

Gefahren-Einstufung

Risiko-Einstufung: ☠ ☠ ☠
In ihrer Heimat sind Elefanten eine ernst zu nehmende Gefahr.

Überlebenschance: 60 %
Es ist möglich, einen Elefantenangriff zu überleben.

Büffel

Natürlich flößen Raubtiere wie Bären, große Raubkatzen oder Haie Furcht ein. Aber kannst du dir vorstellen, vor einem Büffel Angst zu haben? Vor diesen engen Verwandten der Kuh? Wie Rinder ziehen sie in Herden herum und grasen. Wenn ein Büffel aber wütend, ängstlich oder verwundet ist — oder wenn du zu nah an sein Kalb herankommst —, kann er sehr gefährlich sein. Büffel können mit hoher Geschwindigkeit angreifen und ihre Feinde mit den Hörnern aufspießen oder niedertrampeln.

Was zu tun ist

Vorsicht:

Von den verschiedenen Büffelarten ist der Afrikanische der wildeste und gefährlichste. Er lebt in den südlichen und östlichen Teilen des Kontinents. Folge auf einer Safari immer den Anweisungen deines Führers.

Bei einem Angriff:

Wenn ein Büffel (oder eine Büffelherde) sich zum Angriff entschließt, wird er erst langsam auf dich zukommen und dich warnen. Flüchte ins Innere eines Fahrzeugs oder Gebäudes. Ist es zu spät dafür, legst du dich am besten hin. So kann dich der Büffel nicht aufspießen und rennt vielleicht an dir vorbei.

Büffel haben große gefährliche Hörner.

Gefahren-Einstufung

Risiko-Einstufung: 💀 💀 💀
In Afrika sind Büffel eine bekannte Gefahr, du solltest immer auf der Hut vor ihnen sein.

Überlebenschance: 80 %
Jedes Jahr kommt es zu Toten durch Büffelangriffe. Richtiges Verhalten schützt davor.

Ein Grizzlybär präsentiert seine scharfen Zähne.

Bären-Angriff

Bären sind groß, stark und wild und können sehr gefährlich sein. Ein männlicher Grizzlybär kann aufgerichtet über 2 m hoch werden und bis über 600 kg wiegen. Die größte Gefahr geht von Grizzlys (und anderen Braunbären) und Schwarzbären, die in wilden, bergigen Regionen leben, und von Eisbären in der Arktis aus. Es sterben aber nur eine Handvoll Menschen durch Bärenangriffe jedes Jahr.

Gefahren-Einstufung

Risiko-Einstufung: ☠ ☠ ☠
Bärenangriffe sind selten, obwohl viele Menschen beim Wandern überraschend auf Bären stoßen.

Überlebenschance: 90 %
Bei den meisten Begegnungen mit Menschen trollt sich der Bär.

Was zu tun ist

Bär in Sicht:
Halte mindestens 50 m Abstand zum Bären. Halte die Gruppe zusammen. Starre den Bären nicht an und bedränge ihn nicht. Mach Lärm — spreche, pfeife oder singe. Wenn der Bär dich hört, wird er wahrscheinlich verschwinden.

Wenn der Bär sich nähert:
Mach Lärm (durch Rufen oder mit Töpfen und Pfannen). Mach dich größer, indem du die Arme hochstreckst oder deinen Rucksack auf deinen Kopf hebst. Weiche so langsam zurück.

Wenn der Bär angreift:
Bären starten oft Scheinangriffe. Wenn der Bär auf dich zuspringt, rolle dich zusammen und schütze deinen Kopf mit den Armen oder deinem Rucksack. Versuche, auf seine Augen und Schnauze zu schlagen.

Tipp Renne niemals vor einem Bären weg. Er ist mit bis zu 48 km/h bestimmt schneller als du.

Löwen-Angriff

Der Löwe ist der Inbegriff des Raubtieres. Mit seiner gewaltigen Mähne und seinem furchteinflößenden Brüllen gilt der männliche Löwe als König der Tiere. Der Löwe lebt in der Savanne Afrikas. Obwohl sie grundsätzlich sehr gefährlich sind, töten Löwen weniger Menschen als andere wilde Tiere. Dennoch scheinen sich manche Löwen absichtlich gegen Menschen zu wenden und sie zu jagen — und kein Löwe kann grundsätzlich als ungefährlich gelten.

Gefahren-Einstufung

Risiko-Einstufung: ☠ ☠
Löwen sind selten, sodass Angriffe nur mitunter vorkommen.

Überlebenschance: 40 %
Einen Kampf wird wahrscheinlich der Löwe gewinnen.

Nur männliche Löwen haben die typische, zottige Mähne.

Was zu tun ist

Trau keinem Löwen:
Löwen verschlafen einen Großteil des Tages. Am aktivsten sind sie nachts. Wenn du in freier Wildbahn auf Löwen triffst, bleib im Wagen oder Gebäude, gehe auch nicht kurz raus, um Fotos zu machen. Lass dich nicht täuschen, wenn du eine scheinbar dösende Gruppe Löwen siehst, sie beobachten dich wachsam und planen eventuell einen Angriff.

Wenn sich Löwen nähern:
Bewege dich langsam rückwärts und versuche dich in Sicherheit zu bringen. Achtung: Die Löwen könnten dich umzingeln.

Beim Angriff:
Es lohnt sich, durch Kämpfen und Fluchtversuche Zeit zu gewinnen. Schreie um Hilfe — vielleicht können andere den Löwen vertreiben.

Tipp Wenn du Löwen von einem Fahrzeug aus siehst, halte die Fenster geschlossen und strecke niemals Arme oder den Kopf hinaus.

Tiger-Angriff

Der Tiger ist die größte Raubkatze der Welt. Männliche Tiere können 3,5 m lang werden — das ist so lang wie ein Auto! Tiger sind auch enorm stark und können 9 m weit springen. Tiger leben in Indien, China und anderen Teilen Asiens, meist in grasigen oder baumreichen Gebieten. Sie jagen wilde Tiere wie Hirsche oder Schweine, greifen bei Nahrungsknappheit aber manchmal auch Menschen an.

Gefahren-Einstufung

Risiko-Einstufung: ☠ ☠
Tiger sind selten und betrachten Menschen nicht als Beute.

Überlebenschance: 30 %
Bei einem Tiger-Angriff hast du kaum eine Chance.

Näherer Kontakt nicht erwünscht!

Was zu tun ist

Tiger in Sicht:
Rühre dich zunächst nicht. Es ist wahrscheinlicher, dass der Tiger dich bemerkt, wenn du dich bewegst. Warte, bis er weg ist, bevor du dich in Sicherheit begibst.

Wenn dich ein Tiger belauert:
Flüchte, wenn möglich, in ein Versteck wie ein Fahrzeug oder eine Hütte. Sonst fasse den Tiger ins Auge und schau ihn so fest und tapfer an, wie du kannst. Das lässt Tiger abdrehen, weil sie ihre Beute gern überraschend schlagen.

Wenn sich der Tiger auf dich stürzt:
Wenn ein Tiger auf dich zuspringt, versuche zur Seite in Richtung Felsen, Bäumen oder anderem Schutz wegzurennen. Wenn der Tiger dich packt, besteht deine einzige Hoffnung in fremder Hilfe.

Puma

Der Puma — auch bekannt als Berglöwe oder Kuguar — ist eine große Raubkatze in Nord-, Mittel- und Südamerika. Er hat ein glattes, rötlich braunes Fell und ist ca. 75 cm hoch und 2,3 m lang. Obwohl sie nicht so groß wie Löwen oder Tiger sind, können Pumas, speziell Kindern, gefährlich werden. Manchmal greifen sie Wanderer und Bergsteiger und Dorfbewohner in den Bergen, Wäldern und Wüsten an.

Risiko-Einstufung: ☠ ☠
Pumas greifen wahrscheinlich nicht an, da sie Menschen nicht als Beute sehen.

Überlebenschance: 70 %
Die meisten Erwachsenen überleben einen Puma-Angriff, Kinder sind allerdings in ernster Gefahr.

Was zu tun ist

Sei auf der Hut:
Halte in Bergen, Buschland und Wäldern Ausschau nach Pumas, speziell im Westen der USA und Kanada. Nähere dich keinem Pumajungen oder -bau: Die Pumamutter wird ihre Jungen aggressiv verteidigen.

Wenn du einen Puma siehst:
Keine Panik! Blicke dem Puma in die Augen und gehe langsam rückwärts. Stehe aufrecht, hebe deine Arme und rufe laut, um ihn zu erschrecken. Bücke dich nicht und wende ihm nicht den Rücken zu.

Wenn der Puma angreift:
Schütze deinen Kopf und Hals, wenn der Puma darauf zielt. Kämpfe, schreie und versuche den Puma zurückzuschlagen.

Pumas springen gerne von Bäumen oder Felsen aus auf ihre Beute.

Schon gewusst?
Pumas haben sehr kräftige Hinterbeine, mit denen sie hervorragend springen können: bis zu 5 m steil nach oben oder 10 m weit in der Ebene.

Wildschwein

Ein Keiler zeigt seine Eckzähne.

Wildschweine sind die wild lebenden Verwandten des Hausschweins, das auch schon gefährlich werden kann. Sie sind aber viel furchteinflößender mit ihren scharfen Eckzähnen und greifen an, um sich zu verteidigen. Sie können 2 m lang und doppelt so schwer wie ein Mann werden. Sie sind in vielen — meist bewaldeten — Teilen der Welt beheimatet, auch in Australien, Europa, Asien und Südamerika.

Was zu tun ist

Wildschweingebiete:

Pass auf, wenn du in Wäldern unterwegs bist, in denen es Wildschweine gibt, besonders nachts, wenn sie am aktivsten sind. Ein Hund erhöht dein Risiko, weil er ein Wildschwein stören könnte.

Gefahren-Einstufung

Risiko-Einstufung: ☠ ☠
Wildschweine sind zwar weit verbreitet, greifen aber nicht an, wenn du sie in Ruhe lässt.

Überlebenschance: 95 %
Du wirst eine Wildschweinattacke wahrscheinlich überleben, außer dein Blutverlust ist zu hoch.

Wenn du ein Wildschwein siehst:

Wildschweine leben alleine oder in Gruppen von ca. 20 Tieren (Mütter und Jungtiere). Halte dich fern, besonders, wenn du Jungtiere siehst. Wenn Wildschweine dich angreifen, wenden sie sich dir zu und grunzen und schnauben. Sieh dann zu, dass du wegkommst!

Wenn ein Wildschwein angreift:

Männliche Tiere senken den Kopf und gehen mit ihren langen Eckzähnen auf dich los, Weibchen mit offenem Maul und versuchen dich zu beißen. Klettere auf einen Baum oder renne so schnell du kannst.

Tipp Ein angeschossenes oder angefahrenes Wildschwein kann hochgefährlich sein. Renne weg, wenn du eines siehst.

Schim- panse

Wenn du denkst, dass alle Schimpansen friedliche, kuschelige Tiere sind, liegst du falsch. Einige sind es, andere aber sind äußerst gefährlich. In freier Wildbahn jagen Schimpansengruppen z. B. kleinere Affen und in Gefangenschaft greifen einzelne Tiere ohne ersichtlichen Grund Menschen an. Ein Schimpanse ist nur ca. 1 m groß, wiegt aber genauso viel wie ein Mensch und ist bis zu fünfmal stärker.

Ein Schimpanse hat scharfe Zähne und einen gefährlichen Biss, außerdem unglaublich starke Arme und Hände.

Gefahren-Einstufung

Risiko-Einstufung: ☠
Unwahrscheinlich, dass du außer im Zoo einen Schimpansen triffst.

Überlebenschance: 40 %
Wenn Schimpansen einmal angreifen, ist es schwer zu entkommen.

Was zu tun ist

Nimm dich vor Schimpansen in Acht:

Auch im Zoo solltest du Schimpansen nicht reizen. Ärgere sie nicht, wirf keine Gegenstände und klopfe nicht an die Scheiben. In der Wildnis halte dich fern von Schimpansen und starre sie nicht an. Besonders kleine Kinder dürfen nicht in ihre Nähe gelassen werden. Auch von Schimpansen, die als Haustiere gehalten werden, halte Abstand, selbst wenn sie freundlich wirken.

Bei einem Angriff:

Wenn ein angreifender Affe auf dich zukommt, schau nach unten und vermeide Augenkontakt. Während eines Angriffs rolle dich zusammen, schütze Gesicht, Kopf und Bauch. Rufe um Hilfe, damit ein Tierpfleger oder Parkaufseher dich retten kann.

Schon gewusst?

Erst in den 1960er-Jahren hat die berühmte Wissenschaftlerin Jane Goodall herausgefunden, dass Schimpansen Jäger sind und neben anderer Nahrung auch Fleisch fressen. Vorher ging man davon aus, dass sie Pflanzenfresser wären.

Mücke

Mücken sind kleine summende Insekten, Mitglieder der Fliegen-Familie. Trotzdem sind sie die gefährlichsten Tiere der Welt, gefährlicher als Haie, Bären, Tiger, Flusspferde, Krokodile, Hunde und Killerbienen zusammen, denn wenn sie Blut saugen, können sie tödliche Krankheiten wie Malaria und Gelbfieber übertragen. Diese Krankheiten sind zwar heilbar, treten aber oft in armen Regionen auf, wo die Kranken die nötige Behandlung nicht bezahlen können, sodass die Sterblichkeitsrate sehr hoch ist.

Was zu tun ist

Moskito-Vorsorge:
Gefährliche Stechmücken gibt es vor allem in den heißen, tropischen Gebieten Afrikas, Asiens und Südamerikas. Willst du in diese Gebiete reisen, schütze dich mit vorbeugenden Medikamenten gegen Malaria. Du solltest dich auch mit Insektenschutzmittel einreiben und Arme und Beine bedeckt halten, besonders nachts, wenn die Mücken am aktivsten sind. Schlafe unter einem Moskitonetz.

Blutsauger

Mücken brauchen Blut nicht als Nahung. Sie ernähren sich von Früchten und Nektar. Nur die Weibchen saugen Blut, weil sie es zur Eierproduktion brauchen.

Malaria:
Malaria-Symptome sind Kopfschmerzen, Schüttelfrost, Übelkeit, Kribbeln, Benommenheit. Gehe zum Arzt, wenn du dich in den Tropen krank fühlst!

Der Körper dieser Mücke füllt sich gerade mit dem Blut eines Menschen.

Skorpion

Skorpione sind mit Spinnen verwandt. Meist sind sie klein, die Größe reicht von 1,3 cm bis 20 cm. Sie haben acht Beine und zwei scherenbesetzte Fangarme (wie ein Hummer) und einen langen Schwanz mit einem Stachel am Ende. Die meisten der über tausend Arten sind ungefährlich, nur einige haben auch für den Menschen gefährliche Giftstachel.

Was zu tun ist

Vorsichtig sein:

Skorpione sind nachtaktiv, du solltest in Skorpion-Gegenden also unter einem Moskitonetz schlafen. Überprüfe dein Bett vorm Hinlegen und schüttle morgens Schuhe, Taschen und Kleidung aus, um auszuschließen, dass ein Skorpion hineingekrochen ist.

Skorpion in Sicht:

Lass Skorpione in Ruhe und gib ihnen Raum, um zu verschwinden. Du kannst Skorpione vorsichtig aus dem Haus kehren, hebe aber nie einen hoch. Wenn dir ein Skorpion auf Hand oder Fuß krabbelt, halte den Körperteil flach und schüttle ihn ab.

Wenn ein Skorpion dich sticht:

Wenn der Skorpion ungefährlich ist, wird nur die Umgebung der Einstichstelle wehtun. Hast du jedoch überall Schmerzen, Übelkeit, Schwindel oder Atembeschwerden, gehe in ein Krankenhaus. Ein Kind oder Kranker sollte nach einem Skorpionstich immer ins Krankenhaus gebracht werden.

Gefahren-Einstufung

Risiko-Einstufung: ☠ ☠ ☠
Skorpione meiden Menschen, stechen aber, wenn du sie hochhebst oder auf sie trittst.

Überlebenschance: 95 %
Auch gefährliche Skorpionstiche werden dank ärztlicher Behandlung meist überlebt.

Der Gelbe Skorpion lebt in Brasilien.

Schon gewusst?

Skorpione sind gegen ihr eigenes Gift immun.

Killer-bienen

Killerbienen sehen aus wie andere Honigbienen auch.

Honigbienen gibt es überall auf der Welt. Sie sind nützliche Tiere, weil sie Blumen bestäuben und Honig produzieren. Obwohl sie stechen können, tun sie dies meist nicht, zudem ist ein Stich für die meisten Menschen nur schmerzhaft, aber nicht gefährlich. In den 1950er-Jahren versuchten Wissenschaftler eine besondere Honigbienenrasse zu züchten, schufen aber versehentlich eine besonders aggressive Art, bekannt als »Killerbiene«. Sie kommt in den USA vor und hat keinen gefährlicheren Stich, ist aber leichter zu reizen als andere Bienen und greift oft im Schwarm an, was tödlich sein kann.

Gefahren-Einstufung

Risiko-Einstufung: 💀 💀
Killerbienen sind gefährlich, aber Wissenschaftler arbeiten daran, ihre Anzahl und Aggressivität zu verringern.

Überlebenschance: 90 %
Bewahre einen kühlen Kopf, und du entkommst wahrscheinlich.

Was zu tun ist

Störe die Bienen nicht:
Killerbienen reagieren gereizt auf Menschen, die ihr Nest zerstören, auf plötzliche Bewegungen oder laute Geräusche. Laute Arbeitsgeräte, wie z.B. Kettensägen, führen häufig zu Attacken.

Von Killerbienen verfolgt:
Flüchte so schnell du kannst in ein Auto oder Gebäude. Verdecke so viel deines Gesichts und Kopfes mit Kleidung wie möglich. Schreie nicht und renne nicht in Menschengruppen hinein. Springe nicht ins Wasser, du musst zum Atmen hochkommen und die Bienen warten auf dich.

Bienen-Allergie
Es gibt Menschen mit einer Allergie gegen Bienenstiche. Wenn jemand nach einem Stich Atembeschwerden, ein geschwollenes Gesicht oder Zunge hat oder zusammenbricht, muss er sofort in ein Krankenhaus gebracht werden.

Sydney-Trichter-spinne

Von den weltweit verbreiteten Trichterspinnen ist die in Australien lebende Sydney-Trichterspinne die gefährlichste. Die meisten Bisse passieren im Spätsommer, wenn die männlichen Tiere auf Partnerinnensuche umherwandern. Sie können dann in Häusern oder Garagen unterwegs sein oder in Schuppen eingeschlossen werden.

Was zu tun ist

Augen auf:
Wenn du in Ostaustralien bist, halte beim Zelten oder Wandern die Augen nach Sydney-Trichterspinnen auf. Informiere dich vorher, wie sie aussehen, dann kannst du ihnen aus dem Weg gehen.

Nach einem Biss:
Ein Trichterspinnenbiss tut weh. Du könntest Übelkeit, Schwindel oder Kribbeln spüren. Gehe sofort ins Krankenhaus und halte den gebissenen Körperteil still. Bandagiere ihn über dem Biss und schiene ihn mit einem Stock, damit er so unbeweglich wie möglich ist. Bei einem Biss in die Hand zum Beispiel wickle eine Binde von oberhalb des Bisses bis zur Schulter um den Arm und befestige dann eine Schiene. Du solltest die Spinne dem Arzt beschreiben können.

Tipp Überprüfe vor jeder Benutzung von Gießkannen, Schuhen oder draußen liegen gelassener Kleidung, ob sich keine Spinne darin verbirgt.

Die männliche Sydney-Trichterspinne ist (ohne Beine) ungefähr 3 cm lang.

Schwarze Witwe

Die in den warmen Regionen der Welt beheimatete Spinnenart Schwarze Witwe hat ein gefährliches Gift. Da es sich aber um kleine Spinnen von ca. 1,5 cm Länge handelt, können sie nicht viel Gift auf einmal abgeben. Meist ist es unangenehm, aber nicht tödlich, von einer Schwarzen Witwe gebissen zu werden. Zu den meisten Bissen kommt es, wenn Menschen nachts zur aktiven Zeit der Tiere Spinnennetze in Wäldern, Garagen oder Höfen zerstören.

Was zu tun ist

Kontakt vermeiden:
Schwarze Witwen sind nachtaktiv, stolpere also bei Dunkelheit nicht in Garagen, Höfen oder Schuppen herum. Wenn du eine Schwarze Witwe siehst, lass ihr Zeit, sich davonzumachen.

Nach einem Biss:
Einige Menschen spüren nichts, in den meisten Fällen aber ist ein Biss der Schwarzen Witwe schmerzhaft. Du solltest zwei winzige Bissstellen sehen. Das Gift kann Krämpfe am ganzen Körper, Magenschmerzen und Erbrechen

bewirken. Wenn du solche Symptome hast und meinst, gebissen worden zu sein, gehe in ein Krankenhaus, auch wenn du kein Gegengift brauchst. Oder behandle den Biss mit Eis, das du in Tücher gewickelt hast.

Gefahren-Einstufung

Risiko-Einstufung: ☠ ☠ ☠
Schwarze Witwen sind häufig und weit verbreitet.

Überlebenschance: 95 %
Die meisten Bisse der Schwarzen Witwe sind nicht gefährlich.

Schwarze-Witwen-Weibchen haben sanduhrförmige Zeichnungen oder Punkte.

Hai-Angriff

Weniges ist gruseliger als die Vorstellung, im Wasser von einem Hai verfolgt zu werden; dies kommt aber im Wesentlichen durch Filme. In Wirklichkeit sind Hai-Angriffe selten und Haie deutlich ungefährlicher als andere Tiere wie Flusspferde oder Bienen. Wenn es zu Angriffen kommt, dann, weil Haie Menschen mit Beutetieren wie Pinguinen oder Robben verwechseln.

Gefahren-Einstufung

Risiko-Einstufung: ☠ ☠
Weltweit wird von weniger als 100 Hai-Angriffen pro Jahr — die Hälfte davon auf Surfer — berichtet.

Überlebenschance: 90 %
Entgegen allen Horrorgeschichten: Selbst wenn du von einem Hai gebissen wirst, kannst du entkommen.

Was zu tun ist

Gefahr vermeiden:
Schwimme und surfe nicht nachts, meide tiefes Wasser und Flussmündungen sowie dunkles und schaumiges Wasser, wo ein Hai dich versehentlich für ein Beutetier halten könnte. Trage nichts silbrig Glänzendes, das an Fischschuppen erinnern könnte.

Wenn sich ein Hai nähert:
Bleib ruhig und schwimme an Land. Umkreist dich der Hai oder stößt dich mit der Nase an, bleib aufrecht, so unterscheidest du dich von einer Robbe. Mehrere Schwimmer haken sich ein und bilden eine große Formation.

Wenn ein Hai dich angreift:
Schlage auf Augen und Schnauze, evtl. mit einem Schnorchel. Rufe um Hilfe und versuche an Land zu kommen, damit du schnell ärztlich versorgt werden kannst.

Schon gewusst?
Der sagenhafte Weiße Hai ist überall gefürchtet, aber der Tigerhai und der Bullenhai sind genauso gefährlich — es gibt zahlreiche Berichte von Angriffen.

Piranha-Schwarm

Piranhas sind in den Flüssen Südamerikas beheimatete Fische. Sie haben den Ruf, tödlich zu sein. In Abenteuerfilmen werden sie in jagenden Schwärmen gezeigt, wie sie große Tiere, z. B. Kühe, oder Menschen, die sich ins Wasser gewagt haben, angreifen und ihnen in einer Art Blutrausch das Fleisch bis auf die Knochen abnagen. Diese Darstellung ist falsch. Zwar sind Piranhas Fleischfresser und jagen im Schwarm, aber ihre Nahrung sind oft tote Tiere oder ins Wasser gestürzte Vögel. In Trockenzeiten können sie tatsächlich auch dem Menschen gefährlich werden.

Gefahren-Einstufung

Risiko-Einstufung: ☠ ☠
In Südamerika stellen Piranhas ein — kleines — Risiko dar.

Überlebenschance: 95 %
Wenige Menschen sterben, aber Piranha-Bisse sind scheußlich.

Meist sind Piranhas nicht größer als 25 cm, aber aggressiv.

Was zu tun ist

Vorsichtsmaßnahmen:
Wenn der Wasserstand sinkt und Piranhas sich in Schwärmen zusammenfinden, solltest du in Südamerika nicht in Flüsse gehen. Wenn du schwimmst, vermeide es rumzuplanschen, du könntest sonst wie ein verletztes Tier auf die Piranhas wirken. Gehe nicht verletzt ins Wasser. Die meisten Opfer von Piranha-Angriffen sind zuerst im Wasser in Schwierigkeiten geraten, haben dann Panik bekommen und so die Fische angezogen.

Tipp Halte dich auch von gefangenen Piranhas am Ufer fern — vielleicht leben sie noch. Sie haben einen kräftigen Biss und können einen Finger abbeißen.

Piranhas in Sicht:
Gehe aus dem Wasser, wenn du Piranhas siehst oder gewarnt wirst. Wenn du angegriffen wirst, verlasse das Wasser so schnell du kannst.

Stech- rochen

Rochen sind dem Hai verwandte Fische, die durch Schläge ihrer riesigen Flossen durchs Wasser »fliegen«. Stechrochen haben einen langen, giftigen Stachel am Schwanz. Fühlt er sich bedroht, kann ein Stechrochen seinen Stachel nach oben schnellen lassen. Wenn du auf einen am Meeresboden liegenden Rochen trittst oder zu nah über ihn hinwegschwimmst, könnte dich sein giftiger Stachel treffen. Das ist schmerzhaft, aber nicht unbedingt gefährlich.

Ein Peitschenrochen in der Nähe der Kaimaninseln.

Was zu tun ist

Pass im Wasser auf:

Stechrochen findet man in warmen, tropischen Regionen, fast immer im Meer in Strandnähe, aber auch in einigen Flüssen. Beim Schwimmen, Schnorcheln und Tauchen solltest du also aufpassen.

Wenn du gestochen wirst:

Meist werden Hände oder Füße gestochen. Lass dich im Krankenhaus behandeln, da möglicherweise noch ein Stachelteil unter der Haut sitzt. Warmes Wasser mindert den Schmerz. Vielleicht brauchst du eine Bandage, um die Blutung zu stoppen. Ein Stich ins Gesicht oder in den Leib könnte gefährlicher sein. Zieh den Stachel nicht heraus, weil die Wunde stark bluten könnte. Das Gift ist nicht tödlich, aber die Stichwunde kann gefährlich sein.

Tipp Stechrochen liegen oft flach am Meeresboden und sind kaum zu sehen. Wenn du vermeiden willst, auf einen zu treten, wirble beim Waten Sand auf, so bemerkt dich der Rochen und verschwindet.

Würfelqualle

Unter den Würfelquallen gibt es tödliche Arten. Genaue Zahlen gibt es nicht, vermutet werden aber bis zu 50 Todesfälle pro Jahr in Australien und Südostasien. Die Seewespe zum Beispiel hat bis zu 3 m lange, giftige Tentakel. Sie jagt Krabben und Krebse und hat wenig Interesse an Menschen. Wenn sich aber ein Schwimmer in ihren Tentakeln verfängt, stößt sie Gift aus. Die Haut wird verwundet und das Gift kann zum Herzstillstand führen.

Gefahren-Einstufung

Risiko-Einstufung: ☠ ☠ ☠ ☠
In Australien und Asien sind Würfelquallen weit verbreitet.

Überlebenschance: 70 %
Würfelquallen-Begegnungen müssen nicht tödlich verlaufen, es gibt Gegengifte.

Was zu tun ist

Kein Risiko:

Schwimme während der Quallensaison (meist von Oktober bis März) nie in Gebieten mit Würfelquallen. Oft warnen Schilder vor Würfelquallen. Wenn du schon schwimmen gehst, dann nicht allein. Du kannst dich durch dünne, den Körper bedeckende Kleidung, einen Neoprenanzug oder einen Spezialbadeanzug schützen.

Schon gewusst?

Manchmal kann man Quallen-Verletzungen mit Urin behandeln. Bei Würfelquallen hilft das leider nicht.

Im Ernstfall:

Die Vergiftung durch eine Würfelqualle ist sehr schmerzhaft. Schreie um Hilfe und rufe einen Krankenwagen. Träufle Essig auf die betroffenen Stellen (Essigvorrat an gefährdeten Stränden) und versuche dann verbliebene Tentakel mit einem Stock zu entfernen. Warte auf einen Arzt.

Gefahren der Zivilisation

Seit wir Menschen die Erde bevölkern, haben wir Billionen von Gebäuden, Straßen, Bahnverbindungen und alle möglichen anderen Transportmittel gebaut. Normalerweise ist all das sicher und nützlich, es kann aber auch gefährlich werden. Hier liest du, was du tun kannst, wenn sich dein Fallschirm nicht öffnet und du in einem brennenden Gebäude oder einem gesunkenen U-Boot festsitzt.

Sinkendes Schiff

Ein großes Schiff oder eine Fähre ist ein sehr sicherer Platz. Wie auch ein Flugzeug ist es sicherer als ein Auto, Fahrrad oder ein Spaziergang zu Fuß. Aber jedes Schiff kann sinken — z.B. wenn es einen Eisberg rammt oder von einer Monsterwelle getroffen wird. Jetzt musst du Ruhe bewahren und Anweisungen folgen.

Der schiffbrüchige Frachter Flying Enterprise sank 1952.

Gefahren-Einstufung

Risiko-Einstufung: ☠ ☠
Schiffe sind sehr sicher, auch wenn jedes Jahr einige sinken.

Überlebenschance: 95 %
Rettungsausrüstung gewährleistet, dass du auch beim Sinken eines Schiff ziemlich sicher bist.

Tipp Wenn du nass geworden bist, ziehe die nassen Sachen aus und wickle dich in irgendetwas ein. In nasser Kleidung verlierst du schnell Wärme.

Was zu tun ist

Dein Schiff sinkt:
Folge den Anweisungen der Crew, sie ist für den Ernstfall ausgebildet. Sie wird Hilfe holen und für jeden einen Platz im Rettungsboot organisieren. Ziehe warme Sachen und eine Rettungsweste an.

Rettung für alle:
Gerate nicht in Panik und kämpfe nicht um einen Platz im Rettungsboot. Es ist Platz für alle da! Wenn du gesund und kräftig bist, hilf Kindern, Älteren und Kranken, ihre Westen anzulegen und ins Boot zu kommen. Steige vorsichtig ein und halte dich fest.

Im Rettungsboot:
Wenn ein Schiff sinkt, kann es andere Gegenstände mit runterziehen. Sobald also ein Rettungsboot voll ist, sollte es so schnell wie möglich weg vom Schiff gebracht werden. Bleib sitzen.

Gesunkenes U-Boot

Tief im Wasser zu sein, ist aus zweierlei Gründen gefährlich: Zuerst einmal können Menschen nicht unter Wasser atmen, sind also in einem Unterseeboot auf Sauerstoffvorräte angewiesen. Zum Zweiten drückt, je tiefer du tauchst, immer mehr Wasser auf dich. Und in tiefen Meeren ist der Wasserdruck so hoch, dass er einen Menschen sofort zu Tode drücken kann.

Was zu tun ist

SOS senden:

Wenn dein U-Boot nicht sehr stark beschädigt ist, solltest du eine Funkmeldung mit der Angabe deiner Position rausschicken können.

Atemluft sparen:

Während du wartest, solltest du so wenig wie möglich tun, damit der Sauerstoff länger reicht. Setze oder lege dich hin, halte dich warm, lese oder schlafe.

Nicht aufgeben:

In einem so kleinen Raum gefangen zu sein, ist furchteinflößend. Versuche, den Mut nicht sinken zu lassen und nicht in Panik zu verfallen. Gegenseitige Ermutigung ist wichtig, sprich über Zukunftspläne und singe.

Gefahren-Einstufung

Risiko-Einstufung: ☠
Sehr wenige Menschen kommen in eine solche Situation.

Überlebenschance: 40 %
Rettung kann nur von außen — und vielleicht zu spät — kommen.

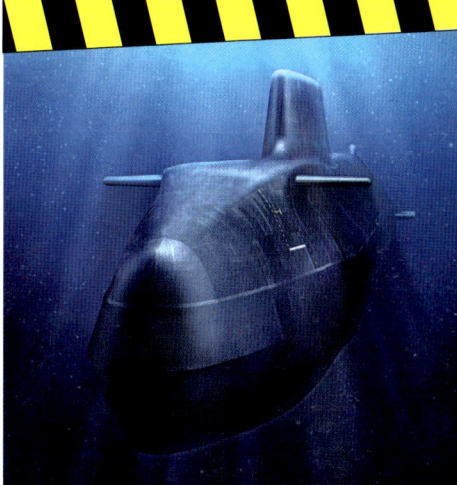

U-Boote sind so konstruiert, dass sie auch großem Druck standhalten.

Roboter-Rettung

2005 verfing sich ein russisches Mini-Unterseeboot mit seinen Propellern in Fischernetzen. Die Rettungskräfte benutzten ferngesteuerte Roboter-Fahrzeuge, um das U-Boot freizuschneiden. Die sieben Besatzungsmitglieder wurden nach drei Tagen gerettet.

In einem sinkenden Auto

Wenn du mit dem Auto unterwegs bist, bewegst du dich – angeschnallt — in einer schützenden Hülle. Wenn dein Auto aber im Wasser landet und du schnell rauswillst, wenden sich all die Sicherheitsvorkehrungen gegen dich. Nimm nichts mit, es geht jetzt nur darum, dass alle Personen aus dem Auto kommen, bevor es sinkt.

Gefahren-Einstufung

Risiko-Einstufung: ☠ ☠
Fahrer geraten mit ihren Autos selten in tiefes Wasser. Das Fahren über Eis erhöht das Risiko.

Überlebenschance: 70 %
Meistens geht diese recht gefährliche Situation dennoch gut aus.

Was zu tun ist

Abschnallen:
Wenn dein Auto von der Straße abkommt und auf dem Wasser aufprallt, dämpft der Sicherheitsgurt den Aufprall. Sobald das Auto aber stoppt, müssen sich alle Passagiere abschnallen. Achte auch auf Baby- und Kindersitze.

Ein Fenster öffnen:
Der Wasserdruck wird es unmöglich machen, die Türen zu öffnen. Öffne stattdessen vollständig die Fenster und steige dort aus. Wenn elektrische Fensterheber nicht funktionieren, tritt die Fenster ein oder schlage sie mit einem schweren Gegenstand kaputt. Vorsicht vor den Scherben!

Wenn du das Fenster nicht öffnen kannst:
Warte, bis das Auto fast ganz voll Wasser ist. Wenn es fast keine Luft mehr gibt, nimm einen tiefen Atemzug und halte die Luft an. Jetzt kannst du wahrscheinlich eine Tür öffnen.

Tipp Sobald ihr aus dem Auto rausgekommen seid, bleibt zusammmen und tretet Wasser, bis alle wieder zu Atem gekommen sind. Ruft erst dann um Hilfe oder schwimmt an Land.

Höchst gefährlich: Dieses Auto hat sich in unruhigem Wasser gedreht.

Bremsversagen

Auf Autobahnen fahren Autos mit hoher Geschwindigkeit. Je schneller du fährst, umso langsamer kommst du zum Stehen.

Bremsen sind dazu da, PKWs, LKWs und Busse langsamer zu machen und zum Stehen zu bringen. Du brauchst Bremsen, um an Ampeln zu halten, Gefahren zu vermeiden und um Kurven zu fahren. Wenn deine Bremsen nicht funktionieren, ist ein Unfall wahrscheinlich. Deshalb sollten alle Fahrer — auch die zukünftigen — wissen, was dann zu tun ist.

Gefahren-Einstufung

Risiko-Einstufung: ☠ ☠
Bremsen sind so konstruiert, dass sie meistens nicht versagen.

Überlebenschance: 90 %
Wenn der Fahrer ruhig bleibt und Glück hat, kommt das Auto ohne Schaden zum Stehen.

Was zu tun ist

Bremspedal checken:
Oft können Fahrer nicht bremsen, weil ein Gegenstand wie eine Wasserflasche oder eine Taschentuchbox unter das Bremspedal gerutscht ist. Versuche also zuerst mit dem Fuß mögliche Gegenstände unter dem Pedal rauszuschieben. Versuche erneut das Pedal zu treten. Frage, ob alle die Gurte angelegt haben.

Weg von der Straße:
Du musst runter von der Straße, wo du mit anderen Autos zusammenstoßen kannst. Blinke und steuere auf die Seite, achte dabei auf Fußgänger.

Finde etwas zum Abbremsen:
Bei unter 60 km/h bremse mit der Handbremse ab. Du kannst auch versuchen, das Auto dadurch zu verlangsamen, indem du es an der Bordsteinkante entlang oder einen Hügel aufwärts steuerst, sofern du das ohne Gefahr kannst. Auf dem Land kannst du auf Grasflächen fahren.

Tipp Wenn du zum Stehen gekommen bist, bleib nicht im Auto sitzen, sondern gehe zu einer sicheren Stelle, während du auf Hilfe wartest.

Fallschirm versagt

In den frühen Jahren des Fallschirmspringens verhedderten sich Fallschirme oft oder öffneten sich nicht. Moderne Fallschirme sind sicherer. Und wenn es Probleme gibt, kannst du dich auf den Reserveschirm verlassen.

Was zu tun ist

Dein Fallschirm öffnet sich nicht:

Keine Panik: Rufe dir die Vorgehensweise ins Gedächtnis, die du beim Training gelernt hast, und öffne den Reservefallschirm.

Der Reserveschirm versagt auch:

So unwahrscheinlich das ist, es wäre möglich. Aber auch diese zugegebenermaßen lebensbedrohliche Situation haben schon Menschen überlebt. Breite Arme und Beine aus, um ein bisschen langsamer zu werden, und versuche in Büschen, einem Baum, in Schnee oder auf einem gepflügten Feld zu landen.

Fliege per Anhalter:

Vielleicht kannst du dich auch bei einem anderen Fallschirmspringer anhängen. Ihr müsst euch irgendwie aneinanderkoppeln, könntet aber bei der Landung verletzt werden.

Schon gewusst?

Einige Fallschirme haben ein Sicherheitssystem, das automatisch den Reserveschirm öffnet, wenn du nahe am Boden noch schnell fällst.

Seilbahnunglück

Eine Seilbahn schwebt in Kanada über den Fraser River Canyon.

Seilbahnen transportieren Touristen, Bergbewohner und Skifahrer Berge hoch und runter. Die Passagiere reisen in einer hängenden Kabine oder kleinen Gondel, die sich an einem langen Kabel hoch und runter bewegt. Weltweit gibt es Tausende zuverlässige Seilbahnen, die meist ohne Probleme funktionieren.

Seilbahn-Absturz

2005 brachte ein Hubschrauber, der schwere Ladung verlor, im österreichischen Sölden eine Seilbahnkabine zum Absturz.

Was zu tun ist

Wenn deine Seilbahn anhält:

Keine Panik! Renne nicht herum oder lehne dich aus dem Fenster. Versuche niemals aus der Kabine rauszuklettern. Setz dich hin und warte ruhig ab. Du kannst über dein Handy Hilfe rufen, wahrscheinlich ist aber, dass der Betreiber der Seilbahn weiß, was passiert ist.

Bei starkem Wind:

Seilbahnen können wegen starken Windes stecken bleiben, der die Kabine möglicherweise hin und her schaukelt. Bleib sitzen. Wenn die Gondel das Kabel runterrutscht und in eine andere kracht oder sogar runterfällt, halte dich gut fest, um dich so gut es geht vor dem Aufprall zu schützen.

In einem bren- nenden Gebäude

Jedes Jahr sterben Tausende von Menschen weltweit in brennenden Gebäuden. Manche Brände werden absichtlich gelegt, oft aber sind es Unglücksfälle, z. B. durch Kerzen, Zigaretten, Öfen oder elektrische Defekte. Auch Feuer, die zunächst klein wirken, können schnell gefährlich werden.

Was zu tun ist

Du siehst ein Feuer:

Gehe weg vom Feuer, verlasse den Raum und schließe die Tür. Alle sollten das Gebäude verlassen. Löse, wenn vorhanden, den Feueralarm aus. Gehe weg vom Gebäude und rufe die Feuerwehr.

Im Gebäude:

Gehe weg von den Flammen und schließe die Türen hinter dir, um die Ausbreitung des Feuers zu verlangsamen. Wenn du telefonieren kannst, rufe die Feuerwehr. Versuche einen Raum mit Fenster zu erreichen, öffne es, wenn möglich, rufe um Hilfe und winke. Klettere nicht raus, außer aus geringer Höhe. Wenn Feuer und Rauch ins Zimmer kommen, lege dich am Fenster auf den Boden, da Qualm und Hitze nach oben steigen.

Gefahren-Einstufung

Risiko-Einstufung: ☠ ☠ ☠ ☠
Feuer in Gebäuden ist häufig. Rauchmelder schützen: Besorge dir welche.

Überlebenschance: 90 %
Wenn du ruhig bleibst, um Hilfe rufst und schnell rauskommst, hast du gute Chancen.

Tipp

Wenn du in einem brennenden Gebäude gefangen bist, könntest du auf die Idee kommen, Fenster einzuschlagen. Versuche das zu vermeiden, weil das fallende Glas Retter und Flüchtende am Boden schwer verletzen könnte.

Stromleitungen

Fast überall fließt Strom durch Leitungen hoch über unseren Köpfen. Hochspannung ist gefährlich, für gewöhnlich aber ausreichend weit weg vom Boden. Es kann aber sein, dass starke Winde, Eisstürme, Erdbeben oder sogar Flugzeug- bzw. Hubschrauberabstürze Strommasten und Leitungen runterstürzen lassen, die, wenn sie noch Strom führen, höchst gefährlich sind.

Gefahren-Einstufung

Risiko-Einstufung: ☠ ☠
Zu Gefahr durch Stromleitungen kommt es meist nur in Stürmen.

Überlebenschance: 95 %
Halte dich fern von der Leitung, und du bist sicher.

Was zu tun ist

Wenn du eine Leitung am Boden siehst:

Bleib weg und fass nichts an. Manchmal sprühen am Boden liegende Leitungen Funken oder bewegen sich schlängelnd. Aber auch, wenn nichts Offensichtliches passiert und die Leitung tot zu sein scheint, lass sie in Ruhe.

Wenn eine Leitung auf dein Auto fällt:

Strom könnte durch die metallischen Teile vom Auto fließen. Bleib sitzen und berühre keine Türen. Rufe Hilfe herbei.

Wenn die Leitung auf jemanden fällt:

Du musst die Leitung von demjenigen wegheben, ohne Leitung oder Person zu berühren. Benutze einen Holz- oder Plastikgegenstand (Stock, Verkehrsleitkegel). Schleppe die Person in Sicherheit und rufe den Krankenwagen.

2005 ließ ein Hurrikan auf Kuba die Strommasten zusammenbrechen und machte die Fortbewegung auf den Straßen lebensgefährlich.

Sturz in einen Schacht

Der Schacht zu einem aufgegebenen Bergwerk in England

Gefahren-Einstufung

Risiko-Einstufung: ☠ ☠
Stürze in Schächte sind sehr gefährlich
kommen aber selten vor.

Überlebenschance: 30 %
Stürze in tiefe Schächte sind oft tödlich

Ein Schacht ist ein tiefes, schmales Loch im Boden, das zu einem unterirdischen Bergwerk führt. Bei Bergwerken, in denen gearbeitet wird, sind die Schächte zu den Abbaustollen von Zäunen und Gebäuden umgeben, sie sind meist ungefährlich. Gefährlicher sind Schächte zu stillgelegten Stollen auf dem Land, besonders kleine, in denen vor langer Zeit aufgehört wurde zu graben.

Was zu tun ist

Wenn du in einen Schacht fällst:

Viele Schächte zu aufgegebenen Minen sind mit Büschen zugewachsen; wenn du also merkst, dass du fällst, versuche nach den Pflanzen zu greifen. Stürzt du, schütze deinen Kopf und hoffe, dass der Schacht nicht tief ist.

Unten angekommen:

Bist du bei Bewusstsein, ist viel gewonnen! Bewege dich zur Seite des Schachts, damit dir nichts passiert, falls noch jemand runterfällt. Auch deine Retter könnten Steine lostreten, wenn sie den Schacht auf der Suche nach dir betreten. Rufe um Hilfe, wenn du kannst, auch mit deinem Handy.

Achtung, Wasser:

Manche Schächte haben Wasserlachen auf dem Grund. Versuche davon wegzukommen.

Wie tief?

Die meisten Menschen, die in Schächte fallen, stürzen etwa 20 Meter in die Tiefe — es gibt aber auch 100 Meter tiefe Schächte.

Getreide-silounfall

Getreide ist nicht gerade furcht-einflößend. Es kann aber zu schlimmen Unfällen kommen, wo große Mengen Getreidekör-ner aufbewahrt, transportiert oder umgeladen werden. Ein Getreidesilo ist ein großer Con-tainer, oft viele Stockwerke hoch. Wenn du in einem bist, kann es sein, dass du nicht mehr rauskommst. Das Getreide kann dich hinunterziehen und ersticken.

Gefahren-Einstufung

Risiko-Einstufung: ☠ ☠
Gefährlich sind nur Bauernhöfe.
Halte dich von Silos fern.

Überlebenschance: 50 %
Wenn Getreidesilo-Unfälle passieren, sind sie meist gefährlich.

Wenn Getreide geschüttet wird, kannst du wie in Wasser darin versinken.

Was zu tun ist

Abstand halten:
Gehe nie in die Nähe von Getrei-desilos, -behältern oder -transpor-tern, es sei denn, du bist Bauer und weißt genau, was du tust.

Du fällst ins Silo:
Wenn sich die Körner nicht bewe-gen, solltest du darauf stehen kön-nen, ohne zu sinken. Bleib an den Rändern, da sich in der Mitte eine Brücke oder Kruste bilden kann, die einen Spalt verdeckt, in den du stürzen könntest. Bleib ruhig. Rufe um Hilfe.

Wenn du im Getreide versinkst:
Getreidekörner, die bewegt bzw. geschüttet werden, können dich runterziehen. Du kannst auch im Getreide versinken, wenn eine Ge-treide-»Brücke« oder ein Getreide-haufen einbricht. Halte deine Arme vor dein Gesicht und schaf-fe so einen Raum mit Atemluft, während du sinkst.

Tipp Gib die Hoffnung nicht auf. Es haben schon Menschen Stunden im Ge-treide überlebt, bevor sie gerettet wurden, weil sie Luft hatten.

Brückeneinsturz

Wissenschaftler, Ingenieure und Architekten berechnen bei Brückenkonstruktionen sorgfältig, wie belastbar eine Brücke sein, welche Form sie haben muss und welche Materialien die besten sind. Dennoch passieren Unglücke: Fehler im Plan oder beim Bau, unerwartet heftiges Wetter, zu hohe Belastung oder altersbedingte Schäden können Brücken zusammenbrechen lassen.

Gefahren-Einstufung

Risiko-Einstufung: ☠
Hin und wieder stürzen Brücken ein, aber die Wahrscheinlichkeit, dass du dort bist, ist gering.

Überlebenschance: 70 %
Oft stürzen Brücken sehr langsam ein, wodurch die Fluchtmöglichkeiten gut sind.

In China stürzte diese Brücke ein. Ein Schiff hatte sie gerammt.

Was zu tun ist

Brückenbaustellen meiden:
Funktioniert eine Brückenkonstruktion nicht, zeigt sich das oft während der Bauarbeiten. Meide also Brückenbaustellen. Gehe oder fahre auch nicht darunter durch.

Wenn eine Brücke wackelt oder kracht:

Bevor eine Brücke tatsächlich zusammenbricht, gibt es Warnzeichen: Sie könnte krachen, wackeln, schwingen, sich durchbiegen oder reißen. Verlasse in solchen Fällen sofort die Brücke oder den Platz darunter. Schätze die Verkehrssituation ein und entscheide eventuell, dein Auto zu verlassen und von der Brücke runterzurennen. So haben Menschen schon Einstürze überlebt.

Wenn die Brücke einstürzt:

Wenn du zu Fuß auf einer einstürzenden Brücke bist, halte dich am Geländer fest, solange es noch befestigt ist. Im Auto achte darauf, dass du angeschnallt bist, und beuge dich vor, um dich vor dem Aufprall und vor Scherben zu schützen.

Tipp Wenn du auf dem Boden oder im Wasser gelandet bist, flüchte so schnell es geht weg von der Brücke, da Fahrzeuge und Trümmer auf dich fallen könnten.

Absturz

Viele Menschen haben Angst zu fliegen, obwohl Flugzeuge in Wirklichkeit unglaublich sicher und Abstürze äußerst selten sind. In einem Flugzeug bist du sicherer als in einem Auto oder sogar in deinem Haus. Sogar bei Flugzeugunglücken überleben die meisten Passagiere, sei es durch gekonnte Bruchlandungen oder weil der Unfall noch am Boden passiert ist und viele Passagiere entkommen können.

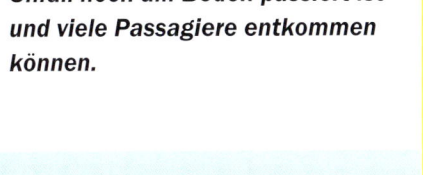

Dieses Flugzeug fing 2005 in Toronto Feuer. Alle 309 Passagiere überlebten.

Gefahren-Einstufung

Risiko-Einstufung: ☠
Unwahrscheinlich, dass du Opfer eines Flugzeugabsturzes wirst.

Überlebenschance: 90 %
Unglaublich, aber wahr? Über 90 % der Menschen, die in Flugzeugunfälle verwickelt sind, überleben.

Was zu tun ist

Sicherheitshaltung:
Wenn die Besatzung eines Flugzeugs dich dazu auffordert, beuge dich vor und lehne deinen Kopf entweder am vorderen Sitz an oder lege ihn auf deine Knie. Bei einem Aufprall schützt dich diese stabile Position vor Trümmerteilen.

Schnell raus:
Befolge die Anweisungen der Besatzung. Sobald das Flugzeug stillsteht, verlasse es, da es Feuer fangen könnte. Schnalle dich ab (Achtung, anderer Gurt als im Auto!) und bewege dich zum nächsten Ausgang. Wenn Feuer an Bord ist, krieche auf dem Boden, um Rauch und Hitze auszuweichen.

Wenn du draußen bist:
Überprüfe nach dem Rausrutschen, ob du verletzt bist, was du beim Schock des Absturzes vielleicht gar nicht gemerkt hast. Warte in ausreichender Entfernung vom Flugzeug auf die Rettungskräfte.

Tipp Vorbereitung erhöht deine Überlebenschancen. Zähle z. B. die Sitze zwischen dir und dem Ausgang, sodass du den Ausgang auch in Dunkelheit ertasten kannst.

Besonders

Wir leben in einer wirklich unglaublich faszinierenden Welt. Auf den gewaltigen Kontinenten, in der Tiefe der Meere und in den Weiten des Himmels gibt es die verschiedensten fantastischen Plätze, erstaunlichen Ereignisse und atemberaubenden Sehenswürdigkeiten.

Naturwunder

Auch wenn Milliarden Menschen auf dem Planeten leben, sind wir nur ein winziger Teil der Natur um uns herum. Zwar glauben wir, die Kontrolle zu haben, doch auf der Welt gibt es gigantische Kräfte, die wesentlich stärker sind als wir — von riesigen Kreaturen der Tiefe bis zu brodelnden Vulkanen, tosenden Wellen und Wetter, das stürmisch, tödlich oder einfach sehr seltsam sein kann.
Wenn du nach dem Lesen meinst, du seist echt winzig und hilflos im Vergleich zu den gigantischen Kräften des Planeten, dann deshalb, weil du es bist!

Unser eigenes Werk

Wir haben allerdings auch ganz schön unglaubliche Dinge geschaffen. Dank des Fortschritts in der menschlichen Technologie konnten wir riesige Brücken, superschnelle Maschinen, himmelhohe Wolkenkratzer, vollkommene Pyramiden und andere unglaubliche Konstruktionen erbauen.
Einige davon entstanden in einer so weit zurückliegenden Zeit, dass wir uns wundern, wie unsere bemerkenswerten Vorfahren sie geschaffen haben – oder warum. Was werden wohl die Leute in hundert oder tausend Jahren von den Dingen halten, die wir heute bauen?!

Warnung

Viele der beschriebenen faszinierenden Plätze kannst du besuchen – was könnte schöner sein, als einen Feuer speienden Vulkan oder einen gigantischen Wasserfall mit eigenen Augen zu sehen! Wenn du dich aufmachst, bleib aber immer auf sicheren Wegen, folge den Anweisungen ortsansässiger Führer und beachte Sicherheits- und Hinweisschilder!

unglaublich

Irdisch – und außerirdisch!

Unsere Sammlung der »unglaublichsten Dinge der Welt« umfasst nicht nur sensationelle Dinge, die sich auf der Erde befinden, sondern auch ein paar unglaubliche Wunder des Weltraums. Schließlich haben wir sie am Himmel entdeckt und können sie von der Erde aus erblicken. Außerdem haben wir selbst ein paar erstaunliche Maschinen ins All geschickt.

Die Lockhead SR-71 Blackbird, der schnellste bemannte Düsenjet

Faszinationsgrad

🙂 .... Cool!

🙂🙂 .... Echt krass!

🙂🙂🙂 .... Total faszinierend!

🙂🙂🙂🙂 .... Unglaublich!

🙂🙂🙂🙂🙂 .... Komplett umwerfend!

Unglaubliche
Naturwunder

In diesem Kapitel begegnen dir beeindruckende Kräfte und Besonderheiten unserer natürlichen Umwelt — gewaltige Tsunami-Wellen, himmelhohe Wasserfälle und explodierende Vulkane sowie imposante Felshänge, Flüsse und Seen, schaurige Höhlen, tödliche Stürme und all die seltsamen Phänomene an unserem nächtlichen Firmament. Du wirst einige der bizarrsten und schönsten lebenden Kreaturen der Welt sowie schier unglaubliches Tierverhalten kennenlernen.

Mount Everest

Faszinationsgrad

Der Mount Everest, riesig, massig, majetätisch, ist ein unglaublicher Anblick —
und noch umwerfender, wenn d
bis zum Gipfel gelangs

Die gezackten Kanten des Everest, die in den Himmel ragen, sind supergefährlich.

Auf der Erde gibt es keinen höheren Ort als den Gipfel des Mount Everest. Der höchste Berg der Erde ist ein massiver, schnee- und eisbedeckter Felsbrocken im Himalaja, einer gewaltigen Bergkette, die in der Mitte Asiens liegt.

Atemberaubend

Der 8850 m hohe Gipfel des Mount Everest ist ein echter Spitzenplatz. Allerdings ist es dort eiskalt, Hurrikan-ähnliche Winde umwehen ihn und die Luft enthält weniger Sauerstoff als auf Normalnull. Ohne Sauerstoffmaske kannst du dort kaum atmen.

Den Everest erklimmen

1953 waren Sir Edmund Hillary und Tenzing Norgay die Ersten auf dem Gipfel des Everest, die es auch wieder zurück schafften. Seitdem ist das bisher 3000 weiteren Menschen gelungen. Es ist gefährlich, den Everest zu erklimmen.

Er wächst noch

Der Himalaja entstand, als zwei Landmassen — Indien und der Rest von Asien — vor 50 Millionen Jahren zusammenstießen und das Land zu einem Bergmassiv hochdrückten. Da sich das Land weiter bewegt, wächst der Himalaja immer noch.

Man muss steile Eishänge und Gletscherspalten mit Leitern überwinden und sich sehr warm halten.

Todbringender Rivale

Mit 8611 m Höhe mag der K2, in Pakistan und China gelegen, nur der zweithöchste Berg der Welt sein, aber er ist wesentlich schwerer zu besteigen. Ein Viertel aller Menschen, die es versucht haben, kamen ums Leben.

Kilauea

Du hättest Lust, auf dem aktivsten Vulkan der Welt zu stehen? Kein Problem! Es klingt zwar gefährlich, aber weil der Kilauea auf Hawaii ständig »spuckt«, ist er sicherer als viele andere Vulkane. Seine Lava fließt gleichmäßig und gemächlich und sammelt sich nicht zum explosiven Gemisch. Der Kilauea ist trotzdem schwer beeindruckend.

Stetiger Ausbruch

Für einen Berg ist der Kilauea ziemlich flach. Er zählt zu den Schildvulkanen. Seine Lavaströme sind dünnflüssig und breiten sich schnell aus, was den Vulkan sehr breit und eben macht. Touristen können ihn deshalb relativ einfach besteigen und gelangen nahe an die Lavaströme. Er hat mehrere Öffnungen oder Krater, aus denen Lava rinnt. Ein Krater heißt Pu'u O'o, er stößt seit 1983 ununterbrochen Lava aus. Normalerweise fließt die Lava wie ein Fluss bergab, sie kann aber auch speien und spritzen.

Glühend heiße Lava fließt vom Kilauea-Vulkan, Hawaii.

Ab in die Wellen

Der Kilauea liegt nahe am Meer, in das sich viel Lava ergießt. Sie knistert und explodiert, wenn sie in das kalte Wasser eintaucht und superschnell abkühlt. Nach und nach entsteht aus der so gehärteten Lava des Vulkans neues Land.

Faszinationsgrad

Er ist vielleicht nicht der lauteste und explosivste Vulkan, aber der Kilauea lässt dich ungeheuer nah an eine echte Eruption und Lavaströme herankommen.

Höhle der Kristalle

Im Jahr 2000 suchten Minenarbeiter 300 m unter der Erde in der Mine von Naica in Mexiko nach Blei und Silber. Zu ihrer Überraschung fanden sie eine natürliche Höhle mit riesenhaften Kristallen, die als »Cueva des los Cristales« (deutsch: Höhle der Kristalle) bekannt ist.

Was sind Kristalle?

Kristalle sind natürliche Formationen, die aus bestimmten Mineralien entstehen. Je nach Form der Mineralmoleküle wachsen sie zu geordneten geometrischen Strukturen heran, wie Würfel oder mehrseitige Säulen. Meist passiert das, wenn Mineralien in Wasser aufgelöst werden und sich dann, wenn die Lösung verdampft, nach und nach zu Festkörpern anordnen.

Riesen-Gips

Die Höhle der Kristalle war mit Wasser gefüllt, bis die Minenbesitzer sie unwissentlich trockenlegten. Die Kristalle entstanden aus dem Mineral Gips in der Höhle und gehören zu den größten der Welt — sie sind mega-gigantisch. Der größte ist 11 m lang — so groß wie manch ein Gebäude!

Forscher, umgeben von riesenhaften Kristallen, in der Höhle der Kristalle

Faszinationsgrad

Es gibt keine vergleichbare bekannte Höhle wie diese auf der Welt.

Kristallheiß!

Zwar wirken Kristalle eisig, in der Höhle der Kristalle ist es jedoch brütend heiß. Tief unter der Erde gelegen und von vulkanischem Gestein aufgeheizt herrschen dort 45–50 °C.

Faszinationsgrad

Die Höhle ist so gigantisch, dass einer ihrer Entdecker in Panik geriet, weil er nicht mehr wusste, wo er war.

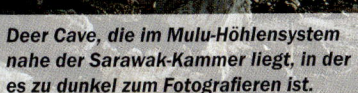

Deer Cave, die im Mulu-Höhlensystem nahe der Sarawak-Kammer liegt, in der es zu dunkel zum Fotografieren ist.

Sarawak-Kammer

Die meisten unterirdischen Höhlen bestehen aus engen, gewundenen Tunneln mit einigen größeren Kammern hier und da. Aber die Sarawak-Kammer ist gewaltig. Sie gilt als die weltweit größte Höhle und ist so riesig wie eine gigantische Kathedrale, ein Stadion oder eine Konzerthalle unter der Erde.

Irrsinnig groß

Die Kammer ist ungefähr 700 m lang, 400 m breit und 70 m hoch. Ihr Boden ist abschüssig, uneben und voller Felsformationen und -blöcke. Wäre sie flach, könnten

Fledermaus-Heim

Die Sarawak-Kammer ist Teil des Mulu-Kalkstein-Höhlensystems, das aus vielen weiteren Kammern und Tunneln besteht. Ein Gang, Deer Cave, beherbergt über eine Million Fledermäuse.

dort 45 Superjumbos wie der Airbus A380 geparkt werden.

Gewaltige Entdeckung

Einheimische kannten die Kammer vermutlich schon, doch Ausländer fanden sie erst 1981. Es waren drei englische Höhlenforscher, die das Mulu-Höhlensystem untersuchten. Die Kammer war so groß, dass sie die Seitenwände nicht sehen konnten — sie schlossen nur aus dem Echo, wie gewaltig sie sein musste. Seitdem ist die Kammer vermessen worden.

Marianengraben

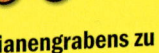
Einer der tiefsten Punkte im Graben ist das Challengertief.

Der Marianengraben liegt tief im Pazifischen Ozean.

Japan

Marianengraben

Guam

Challengertief

Philippinen

Indonesien

Die meisten Menschen wissen, dass der Mount Everest der höchste Punkt der Erde ist — aber welcher ist der tiefste? Um ihn zu erreichen, müsstest du in einem Tiefsee-U-Boot auf den Grund des Marianengrabens tauchen, eine tiefe Rinne am Grund des Pazifischen Ozeans nahe Japan.

Challengertief

Das Challengertief ist eine weitere extrem tiefe Stelle des Marianengrabens, 10 910 m unter der Meeresoberfläche. Würde man den Mount Everest dort ins Meer stellen, läge sein Gipfel 2 km unter Wasser.

Auf Tauchstation

1960 tauchten die Forscher Jacques Piccard und Don Walsh im Tauchboot »Trieste« auf den Grund des Challengertiefs. Das U-Boot besaß eine stabile Passagierkabine, die die Taucher vor dem extremen Wasserdruck in der Tiefsee schützte.

Piccard und Walsh in der »Trieste«

Leben in der Tiefsee

Piccard und Walsh wussten nicht, ob es so tief im Meer Leben gab. Doch als sie landeten und aus dem Fenster sahen, erblickten sie einen Plattfisch auf dem schlammigen Grund und eine Garnele.

Hydrothermal-quellen

Der Meeresboden ist nicht nur tief — sondern auch seltsam, voller Merkwürdigkeiten, die es an Land nicht gibt. Zu den Tiefsee-Sensationen zählen Hydrothermalquellen, bei denen heißes Wasser aus dem Meeresgrund strömt.

Tiefsee-Entdeckungen

Wissenschaftler entdeckten Hydrothermalquellen erstmals 1977. Mit Tiefsee-U-Booten versuchten sie zu ergründen, warum einige Gebiete des Meeres besonders warmes Wasser aufwiesen. Sie fanden heraus, dass Wasser in die Erdkruste eindringt und dann, von heißem Vulkangestein erhitzt, aus Löchern wieder ausströmt.

Verrückte Kreaturen

An Hydrothermalquellen siedeln sich ein paar verrückt aussehende Kreaturen an, etwa gigantische Röhrenwürmer. Diese eigenartigen weißen Würmer können bis zu 3 m lang werden! Sie fressen nicht, sondern haben bestimmte Bakterien in ihrem Körper, die Chemikalien aus dem heißen Quellwasser filtern und sie in Nahrung für den Röhrenwurm umwandeln.

Faszinationsgrad

Als Wissenschaftler zum ersten Mal Hydrothermalquellen erblickten, erschienen sie ihnen außerirdisch.

Der Meeresboden wird mit einem Tiefsee-U-Boot namens »Alvin« erforscht.

Schwarzes Wasser schießt aus einer Hydrothermalquelle.

Schwarzer Raucher
Das Wasser mancher Hydrothermalquellen enthält aufgelöste Mineralien. Sie können sich um die Quelle herum ablagern und bis zu 60 m hohe Schornsteine bilden. Sie heißen Schwarze Raucher, da die Mineralien das Wasser oft schwarz färben.

Lava

Faszinationsgrad

Sie schießt aus der Erde und ist ungeheuer heiß!

Gestein ist für uns kalt und hart. An Tausenden Orten rund um die Welt können wir jedoch erleben, wie es aussieht, wenn es auf Hunderte Grad erhitzt zu augenversengend heißer Lava wird.

Im Innern der Erde

Tief unter der Oberfläche ist unser Planet so heiß, dass Gestein zu zähflüssigem, geschmolzenem Magma wird. An manchen Stellen der Erde entweicht es durch schwache Punkte oder Risse in der Erdkruste und tritt als Lava hervor.

Ein Vulkan entsteht

Tritt Lava aus der Erde, kühlt sie ab und wird zu solidem Fels. So entsteht ein Vulkan — Lava wird aus einem Loch ausgeworfen, wird hart und zum bergigen Hügel. Immer wenn der Vulkan ausbricht, fließt oben weitere Lava heraus und an den Seiten herunter.

Glühend heiße Lava entweicht aus dem Vulkan Kilauea auf Hawaii.

Schon gewusst?

Überrollt flüssige Lava Bäume und Büsche, knistern und knallen sie, weil der Wasseranteil in ihnen kocht. Es ist unvorstellbar!

Auf der Brücke

Vulkanologen (Vulkanforscher) sehen sich Lava oft aus nächster Nähe an. Sie stellen sich dazu auf eine ausgekühlte Schicht Lava, unter der sich noch ein flüssiger Lavastrom bewegt. Das ist sehr gefährlich!

Pyroklastischer Strom

Jeder Vulkanausbruch ist beeindruckend, aber einen pyroklastischen Strom wirst du nie vergessen. Diese Lawine aus Felsen und glühend heißen, tödlichen Gasen schleudern manche Vulkane bei ihrem Ausbruch heraus.

Felsenfluss

Pyroklastische Ströme entstehen, wenn sich im Vulkan sehr viel Druck aufbaut. Dann — WUMM! — explodiert er und Gas, Lava, zertrümmertes Gestein, Asche und Staub schleudern heraus. Diese Mischung verhält sich wie eine Flüssigkeit und rast wie ein Fluss den Berghang hinab. Pyroklastische Ströme können bis zu 100 km/h erreichen und bis zu 700 °C heiß sein.

Nichts wie weg!

Treffen pyroklastische Ströme auf Städte oder Dörfer, walzt das Gestein alles nieder, während der heiße Staub und die Gase alles ersticken und verbrennen. Du kannst dem nur mit viel Glück entgehen, wenn du dich auf eine Anhöhe rettest.

Im Januar 2009 explodierte der Vulkan auf der karibischen Insel Montserrat heftig und unerwartet.

Faszinationsgrad

Ein pyroklastischer Strom ist ein grauenhaft beängstigender Anblick. Nur wer überlebt, kann davon berichten!

Tödliche Ströme

1991 starben 43 Menschen in einem pyroklastischen Strom, als sie den Mount Unzen in Japan besuchten. 1902 überflutete ein pyroklastischer Strom aus dem Mount Pelée in der Karibik die Stadt Saint-Pierre und tötete 29 000 Menschen. Ein pyroklastischer Strom löschte auch die antike Stadt Pompeji aus.

Yellowstone

Satellitenaufnahme der Caldera

Das West Thumb Geysir Basin im Yellowstone-Nationalpark

Einer der größten Vulkane der Erde ist kein Berg — sondern ein riesiger flacher Kessel, eine Caldera. Es ist die Yellowstone Caldera im US-Staat Wyoming.

Enorme Zerstörungskraft

Der Yellowstone ist ein Supervulkan — ein Vulkan, so riesig und mächtig, dass er bei seinem Ausbruch keine Spitze erzeugt, sondern einen gigantischen Krater in die Erde reißt. Der letzte Riesenausbruch des Yellowstone liegt 630 000 Jahre zurück. Er hinterließ einen ovalen Krater von rund 50 km Breite und 47 km Länge.

Ein Nationalpark

Der Yellowstone ist heute voller Wälder mit zahlreichen Tierarten. Es gibt heiße Quellen, speiende Geysire und Fumarolen, die heißes Gas aus der Erde entlassen. Das Gebiet rund um die Caldera ist ein Nationalpark, ein beliebtes Touristenziel. Doch direkt darunter liegt eine riesige Kammer mit geschmolzenem Magma und Gas, was eines Tages zu einem weiteren Ausbruch führen kann.

Schon gewusst?

Manche Forscher glauben, der Yellowstone sei bald für eine weitere Supervulkan-Eruption reif. Sollte sie wie die vor 630 000 Jahren sein, wäre es die größte in der Geschichte der Menschheit. Dabei könnte so viel Asche herausgeschleudert werden, um fast die gesamte USA unter einer Staubwolke zu begraben und den Himmel weltweit auf Jahre zu verdunkeln.

Old Faithful

Der Geysir Old Faithful ist eines der bekanntesten Kennzeichen vulkanischer Aktivität im Yellowstone-Nationalpark. Er stößt mehrmals am Tag — meist etwa alle 90 Minuten — eine Fontäne kochend heißes Wasser aus.

Dampfende Angelegenheit

Geysire sind in Vulkangebieten zu finden, wo heißes Magma Gestein in der Erde erhitzt. Gibt es einen Raum oder eine Kammer unter der Erde, sammelt sich dort Wasser und wird vom heißen Fels erhitzt. Es baut sich Druck auf, bis das Wasser ausbricht (ähnlich wie Lava aus einem Vulkan) und herausspritzt. Im Gegensatz zu Lava rinnt das Wasser wieder zurück in das Loch und der Kreislauf beginnt von Neuem.

Gigantische Fontäne

Old Faithful ist besonders eindrucksvoll, da er ungewöhnlich groß ist und so oft Wasser ausstößt. In seinen Ruhephasen sieht man nur ein Loch in der Erde. Seine Fontäne aus heißem Wasser reicht bis zu 52 m hoch – das entspricht einem 20-stöckigen Gebäude.

Kochend heißes Wasser schießt aus Old Faithful.

Schon gewusst?

Der Legende nach haben die Menschen vor Ort früher ihre Schmutzwäsche in Old Faithful geworfen. Nachdem die Fontäne sie mit herausgeschleudert hatte, musste sie nur noch eingesammelt werden.

Faszinationsgrad

Es ist der Irrsinn, einen Geysir in Aktion zu sehen, und besonders diesen — lass dir das nicht entgehen!

Spektakuläre Vorstellung: ein Gewittersturm in Arizona

Blitze

Elektrizität halten wir für eine moderne Sache, die unsere Computer und Fernseher zum Laufen bringt — aber sie entlädt sich seit Anbeginn der Zeit in Blitzen auf der Erde, gigantischen elektrischen Funken, mit unglaublich viel Energie. Ein fantastischer Anblick.

Elektrische Wolke

Blitze entstehen, wenn sich in Gewitterwolken eine elektrische Ladung aufbaut. Durch Bewegungen in der Wolke sammeln sich Elektronen, winzige elektrische Partikel, an ihrem Boden. Das führt vermutlich dazu, dass ein Funke vom Erdboden zur Wolke überspringt. Das Gleiche passiert, wenn du einen leichten elektrischen Schlag bekommst, weil du dich irgendwo aufgeladen hast und die Ladung wieder abgibst.

Faszinationsgrad

Schrecklich laut, hell und tödlich — Blitze gehören zu den ehrfurchterregendsten Showelementen der Natur.

Vom Blitz getroffen

Ein Blitz schlägt an erhöhten Punkten auf der Erde ein und in Dinge, die Elektrizität leiten oder elektrisch betrieben werden. Der elektrische Schlag und die Hitze eines Blitzes können tödlich sein.

Ein Kugelblitz ist ein cooler und unheimlicher Anblick am Himmel.

Kugelblitze

Du glaubst also, du weißt, was Blitze sind? Nun ja, Kugelblitze sind etwas anders. Kein helles Aufleuchten — nur ein unheimlicher, glühender, schwebender Ball elektrischer Energie. Das hast du vermutlich noch nie gesehen, es ist unglaublich selten.

Feuerbälle

1638 wurde ein glühender Ball von 2 m Durchmesser in einer Kirche in England gesehen. Er zerstörte Fenster und Wände und tötete vier Menschen. 1753 kam Georg Richman ums Leben, als ihn bei Experimenten im Gewitter ein Kugelblitz traf. Ähnliche Bälle wurden in einem indischen Tempel, in Häusern, Flugzeugen und U-Booten gesichtet.

Wie entstehen sie?

Wir wissen es nicht! Sie scheinen unterschiedliche Größen zu haben.

Faszinationsgrad

Nicht so machtvoll wie ein normaler Blitz, aber seltsam, gespenstisch und ungeheuer bizarr.

Manche sind tödlich, andere schweben einfach davon. Sie tauchen bei Gewitter auf und sind wahrscheinlich elektrisch.

Baikal-see

Der Baikalsee im russischen Sibirien ist der tiefste und älteste See der Welt. Er enthält schwindelerregende 20 % der weltweiten flüssigen Süßwasserreserven. Ganz schön beeindruckend!

Tief und dunkel

Der Baikalsee ist flächenmäßig nicht der größte See der Welt, aber er ist so tief, dass er mehr Wasser als jeder andere See enthält — rund 23 000 km³. Wäre der Baikal leer und alle Flüsse der Welt würden in ihn hineinfließen, dauerte es fast ein Jahr, ihn zu füllen. An seiner tiefsten Stelle ist er nahezu 1620 m tief. Auf den schlammigen Grund dringt kein Sonnenlicht, es ist dort stockdunkel.

Einzigartige Tiere

Im Baikalsee leben mehr als 1000 Tierarten, die nirgendwo sonst vorkommen — darunter die Baikalrobbe oder die Nerpa. Die Nerpa ernährt sich von einer äußerst seltsamen Fischart, der Golomjanka, die es auch nur im Baikalsee gibt. Dieser Fisch ist fast durchsichtig und sein Körper mit einer bestimmten Art Öl gefüllt. Wird er gefangen und in die Sonne gelegt, löst er sich auf. Was bleibt, sind eine Öllache und Knochen. Bizarr!

Pferd und Reiter auf dem zugefrorenen Baikalsee in dem französischen Film »Serko«.

Schon gewusst? Sibirien ist so kalt, dass der Baikalsee jedes Jahr zufriert. Das Eis wird so dick, dass die Menschen darauf mit ihren Schneemobilen zum Fischen fahren.

Antarktisches Schelfeis

Am südlichsten Punkt unseres Planeten, über dem größten Teil der Antarktis, liegt die größte Eismasse der Welt. Das Antarktische Schelfeis ist eine gigantische Gletscher- oder Eiskappe, die eine Fläche einnimmt, die so groß ist wie die USA und Europa zusammen. An einigen Stellen ist es 4 km dick und enthält fast 80 % der weltweiten Süßwasserreserven.

Uraltes Eis

Das Eis der Antarktis entsteht aus Schnee. In der Antarktis ist es so kalt, dass er nicht schmelzen kann. Deshalb wird er jeweils von einer neuen Lage Schnee zu Eis zusammengepresst.

Zeitreise

Das Eis der Antarktis erlaubt es uns, weit in die Vergangenheit zurückzublicken. Winzige im Eis eingeschlossene Luftblasen lassen Rückschlüsse auf die Erdatmosphäre vor langer Zeit zu. Forscher bohren längliche Zylinder aus der Eisschicht, sogenannte Eisbohrkerne, um die Luftblasen zu studieren.

Eismassen

Je höher das Eis wächst, umso schwerer wird es. Es gleitet nach und nach ab und rutscht bergab Richtung Küste der Antarktis. Dann schiebt es sich über das Meer und bildet ein Eisbrett. Bricht es ab, entsteht ein Eisberg, der raus aufs Meer treibt.

Faszinationsgrad

Es ist eiskalt, unvorstellbar riesig und gewährt uns Einblick in die Vergangenheit — das Antarktische Schelfeis ist schwer beeindruckend.

Schon gewusst?

Das gigantische Antarktische Schelfeis bedeckt mehrere hohe Berge. Forscher entdeckten sie durch das Eis hindurch.

Aurora borealis

In der Arktis oder im Norden von Skandinavien, Russland, Kanada oder Alaska kannst du ein fantastisches, flimmerndes, vielfarbiges Leuchten am Nachthimmel beobachten: die Aurora borealis, auch Polarlicht genannt. Sie wirkt wie ein Feuerwerk oder eine Lasershow, ist aber komplett natürlich.

Die Aurora borealis erleuchtet den Himmel über einem Zelt in Nordamerika.

Faszinationsgrad

Dies ist ein magischer Anblick, den du nie vergessen wirst!

Teile der Sonne

Die Aurora borealis entsteht durch kleine geladene Teilchen, die die Sonne in einem Strom, dem Solarwind, auswirft. Sie werden von den Magnetfeldern der Erde, dem Nord- und Südpol, angezogen. Treffen sie auf Moleküle der Erdatmosphäre, sondern sie Licht ab, eine unglaubliche Erscheinung.

Wann ist sie zu sehen?

Der Sonnenwind schwankt, weshalb die Aurora in manchen Nächten stärker ist als in anderen. Sie kommt häufiger im Frühling und Herbst vor. Je weiter du nach Norden gehst, desto besser stehen deine Chancen, eine gute Aurora zu sehen — wenn die Jahreszeit stimmt und der Himmel dunkel genug ist.

Fata Morgana

Man kennt sie aus Comics oder Kinofilmen: Leute, die sich in der Wüste verirrt haben und dort eine Oase mit Palmen und glitzerndem Wasser sehen ... und wenn sie hinkriechen, ist da nichts! Die Erscheinung wird Fata Morgana genannt — und sie kann sehr echt wirken.

Eine heiße Luftschicht zaubert die Spiegelung von Inseln in den Himmel zu den realen Inseln dazu.

Magische Morgana

Es scheint unvorstellbar, etwas zu sehen, was nicht da ist. Aber eine Fata Morgana lässt sich physikalisch erklären. In der heißen Wüste erhitzt die Sonne den Boden und damit auch die Luft knapp darüber, die heißer ist als die Luft noch weiter oben. Es entstehen getrennte Luftschichten, die die hindurchfallenden Lichtstrahlen ablenken, also ihre Richtung verändern.

Trugbild

So kann ein Lichtstrahl von einer Oase oder einem See in der Ferne auf dem Weg zu deinen Augen abgelenkt werden. Du siehst die Objekte, weshalb dein Hirn denkt, das Licht sei in einer geraden Linie eingefallen, und dir ihre Nähe vorgaukelt. Oft ist das, was wie ein See wirkt, die Luftspiegelung des blauen Himmels. Wegen der Ablenkung der Lichtstrahlen scheint er vor dir auf der Erde zu liegen.

Coole Effekte

Luftspiegelungen zaubern Wasserlachen auf Straßen – die verschwinden, wenn du näher kommst. Auf dem Meer sehen Matrosen Schiffe, die in Wirklichkeit ganz weit weg sind. Manchmal lässt eine Fata Morgana ein Schiff sogar durch die Luft segeln.

Faszinationsgrad

Fata Morganas sind ziemlich verbreitet, wirken aber selten echt genug, dass du darauf reinfällst.

Atacama-Wüste

Die Atacama ist trocken. Wirklich trocken. Sie ist so unglaublich trocken, dass Experten glauben, in einigen ihrer Gebiete habe es noch nie geregnet. Sie gilt als die trockenste Wüste der Welt und liegt nahe der chilenischen Küste in Südamerika.

Warum so trocken?

Die Atacama wird auf beiden Seiten von Bergen umschlossen – den Anden und dem Küstengebirge Chiles, den Kordilleren. Regenwolken steigen an den Bergen hoch, kühlen ab, verdichten sich und regnen vor den Berggipfeln ab. Wolken schaffen es eher selten in die Atacama, die in der Mitte liegt.

Landschaft ohne Leben

Da der Regen ausbleibt, ist die Atacama ziemlich ausgedörrt. In manchen Wüsten wachsen verkrüppelte Pflanzen oder Kakteen, oder es gibt zähe Tiere wie Klapperschlangen oder Kamele, die ohne viel Wasser auskommen. Doch in großen Teilen der Atacama existiert so gut wie nichts. In Küstennähe sorgt allerdings Nebel vom Meer für genug Wasser für Mesquiten und Kakteen. Mitten in der Wüste liegt sogar eine Stadt, San Pedro de Atacama. Sie bekommt ihr Wasser über unterirdische Quellen, die es wiederum aus anderen Gebieten erhalten.

Faszinationsgrad

Die Atacama-Wüste ist einer der schauerlichsten und stillsten Orte der Welt.

Felsformationen in der Atacama-Wüste

Schon gewusst?

Mit ihren riesigen Gebieten voll rötlichem Sand, ohne Bäume, Pflanzen oder Tiere, wirkt die Atacama wie die Oberfläche des Planeten Mars! Viele Science-Fiction-Filmszenen, die auf dem Mars spielen, wurden dort gedreht.

Namib-Wüste

Die Namib in Südwestafrika gilt als die älteste Wüste auf dem Planeten – sie ist schon seit 55 Millionen Jahren knochentrocken. Ihre hoch aufragenden Sanddünen und die gespenstische Skelettküste machen sie zu einem der seltsamsten und zugleich schönsten Orte der Welt.

Wüstendünen

Klassische Fotos der Namib zeigen meist spitz zulaufende rotbraune Sanddünen, über die ein Oryx oder eine Antilope läuft. Die Dünen entstehen durch den Wind, der über die Wüste weht und trockenen Sand zu Haufen aufschichtet. Ihre rasiermesserscharfen Rücken bilden sich, wenn der Sand sich verschiebt und auf einer Seite herunterrieselt.

Die Skelettküste

Direkt neben der Namib erstreckt sich die Skelettküste, ein gefährlicher, nebeliger Wüstenstreifen, den Seeleute »Das Tor zur Hölle« nannten. Hunderte Schiffe sind dort zerschellt, nachdem sie sich im Nebel verirrt hatten und aufliefen. Über die Jahre entstand neues Land durch den ins Meer gewehten Sand, weshalb die Schiffswracks heute auf dem Strand weit weg vom Meer liegen.

Die atemberaubenden roten Sanddünen im Sossusvlei in der Namib-Wüste

Faszinationsgrad

Eine ungeheuer gespenstische Wüste, in der du für immer verloren gehen kannst.

Seltsame Tierwelt

Hier leben einige merkwürdige Kreaturen, etwa die Seitenwinder-Klapperschlange, die seitwärts über den Sand gleitet, um so wenig wie möglich den heißen Sand zu berühren. Der Nebeltrinker-Käfer sammelt Nebeltropfen an seinem Hinterleib, stellt ihn auf und lässt das Wasser in seinen Mund rinnen.

Amazonas

Der Amazonas in Südamerika ist der größte Fluss der Welt. Er ist zwar nicht so lang wie der Nil in Afrika, aber wesentlich breiter und führt unglaubliche Wassermengen.

Wasserwelt

Dort, wo er in den Atlantik mündet, liegen die Ufer des Amazonas 190 km voneinander entfernt. Ein Schnellboot, das den Fluss mit 97 km/h überquert, würde zwei Stunden von einer zur anderen Seite brauchen. Der Amazonas erstreckt sich über 6400 km von den Tiefen des Amazonas-Regenwaldes bis zur Küste. In jeder einzelnen Sekunde fließt so viel Wasser in den Atlantik, wie 100 Millionen Menschen an einem Tag verbrauchen.

Faszinationsgrad

Dieser beeindruckende Wasserweg enthält 20 % des gesamten Wassers auf der Erde.

Im Amazonas leben viele Tierarten, etwa dieser Bullenhai.

Ein fantastischer Blick auf den gewundenen Amazonas im Regenwald

Wie, keine Brücke?

Über die meisten großen Flüsse der Welt führen Brücken — nicht über den Amazonas. Da er weitgehend von Regenwald umgeben ist, gibt es kaum Hauptstraßen, die ihn überqueren. Willst du auf die andere Uferseite oder den Fluss hinauffreisen, musst du ein Boot nehmen.

Okavangodelta

Alle Flüsse münden im Meer? Nicht der Okavango in Afrika. Er ist ein sehr großer Fluss, erreicht aber nie das Meer. Stattdessen fließt er in ein riesiges Delta in der Mitte der Kalahari-Wüste.

Faszinationsgrad

Für alle, die Wildtiere lieben, ist dies einer der spektakulärsten Orte der Welt.

Wasserverlust

Der Okavango verteilt sich in dem weit verzweigten Delta, wo er zum Teil in der heißen Luft verdunstet. Den Rest nehmen Pflanzen auf, die das Wasser über ihre Blätter wieder abgeben, oder es wird von Tieren getrunken. Jedes Jahr von Mai bis Oktober steigt der Okavango an und flutet das Delta. Zu anderen Jahreszeiten ist es dort wesentlich trockener.

Delta-Safari

Das Okavangodelta ist für seine überwältigende natürliche Schön-heit und beeindruckende Tierwelt berühmt. Während der Regenzeit suchen es durstige Tiere aus einem riesigen Einzugsgebiet zum Trinken auf. Befährst du die ruhigen Wasserwege per Boot, kannst du Elefanten, Antilopen, Zebras, Löwen, Leoparden, seltene Vögel und bunte Insekten beobachten, während unter der Wasserober-fläche Nilpferde und Krokodile lauern.

Afrikanische Elefanten waten durch einen Sumpf im Okavangodelta.

Was ist ein Delta?

Von einem Delta spricht man, wenn sich ein Fluss weit verzweigt und in viele verschiedene Rinnen teilt, getrennt durch zahlreiche Inseln und Sandbänke.

Das Okavangodelta vom All aus

Angel-Wasserfälle

Stell dir vor, du treibst oder paddelst auf einem Fluss — und hängst plötzlich frei in der Luft! Das könnte dir am Salto Angel, auch Angel-Wasserfälle genannt, passieren — dem höchsten frei fallenden Wasserfall der Welt.

Klippen-Sturz

Der Salto Angel stürzt über einen ziemlich hohen Vorsprung eines Tepui, einem hohen, schmalen Tafelberg, der ganz typisch für Venezuelas Landschaft ist. Von dort oben fällt das Wasser steil in einer schimmernden Nebelsäule nach unten. Insgesamt, ein paar kleinere Felskaskaden unten miteinberechnet, ist der Wasserfall 979 m hoch — und damit höher als jeder Wolkenkratzer der Welt.

Engel und Teufel

Der Salto Angel (Engel) ist weiß, dunstig und wirkt wie verzaubert, aber daher kommt sein Name nicht. Er ist nach James Angel benannt, einem Piloten, der ihn 1935 von seinem Flugzeug aus sichtete und der Welt von ihm berichtete. Den Berg, über den der Wasserfall fließt, nennen die Einheimischen übrigens Auyán-Tepui, »Teufelsberg«.

Faszinationsgrad

Diesen Anblick vergisst du nie — vor allem wenn du die Wasserfälle von einem Flugzeug aus siehst.

Schon gewusst?
Viel Wasser des Salto Angel erreicht nie den Grund! Während es fällt, verwandelt es der Wind in Dunst oder Sprühnebel und trägt es fort.

Iguazú-Wasserfälle

Während die Angel-Wasserfälle bemerkenswert hoch, grazil und wunderschön sind, sind die Iguazú-Wasserfälle ungeheuer breit und LAUT. Sie gelten als das größte Wasserfallsystem, über das das meiste Wasser strömt. Sein donnerndes Getöse ist meilenweit zu hören.

Hochwasser

Sie haben nur ein Zehntel der Höhe des Salto Angel, des höchsten Wasserfalls der Welt, aber die Iguazú-Wasserfälle machen das durch Volumen wett. Rund 1756 m³ rauschen dort jede Sekunde in die Tiefe — die Wassermenge schwankt allerdings stark.

Riesige Hufeisen

Wie bei vielen großen Wasserfällen fließt der Iguazú über ein gigantisches hufeisenförmiges Kliff, wobei sich das Wasser in viele verschiedene Minifälle und Kaskaden teilt. Der gesamte Wasserfall nimmt 2,7 km ein, der größte einzelne Wasserfall ist 150 m breit. Die Iguazú-Wasserfälle liegen an der Grenze zwischen Argentinien und Brasilien.

Schon gewusst?

Vielleicht kennst du die großartigen Niagarafälle in Nordamerika und die Victoriafälle in Afrika. Sie zählen mit zu den größten der Welt und sind eine Reise wert — bombastischer wirken jedoch die Iguazú-Wasserfälle.

Great Barrier Reef

Das Great Barrier Reef ist das größte Korallenriff der Welt. Es ist RIESIG. Es erstreckt sich über mehr als 2000 km entlang der Westküste Australiens und formt eine Kette aus Koralleninseln und Unterwasser-Bänken, die vom Weltraum aus zu sehen sind.

Coole Koralle

Koralle ist eine Art Skelett, das von Steinkorallen gebildet wird, die ein wenig den Seeanemonen gleichen. Jedes Korallentier bildet ein Skelett aus Meeresmineralien um sich herum. Nachwachsende Generationen erzeugen neue Korallen und überwuchern dabei die alten — so entstehen mit der Zeit riesige Strukturen, etwa ein Korallenriff. Es gibt viele verschiedene Korallenarten.

Unterwasser-Wunderwelt

Einige Korallenriffe werden zu Inseln, andere bleiben unter Wasser, wo sie Lebensraum für viele verschiedene Meerestiere sind.

Am Great Barrier Reef zu sein, ist ungeheuer eindrucksvoll.

Tierwelt des Riffs

Neben den wunderschönen Korallen können Taucher am Great Barrier Reef Schildkröten, Tintenfische, Seeschlangen, Quallen, Delfine und über tausend Fischarten entdecken, darunter mehr als hundert Haiarten und Rochen.

Ein Sporttaucher betrachtet einige der Korallen des Great Barrier Reef.

Tierbeobachtung

Polypen sind Nahrung für viele Kreaturen, andere Lebewesen nutzen Korallenriffe und -bänke als Unterschlupf und zur Eiablage. Das Great Barrier Reef ist eine Topadresse für Sporttaucher und Tierbeobachter.

Great Blue Hole

Das Foto zeigt dir, dass diese natürliche Formation genau das ist, was ihr Name verspricht — ein riesiges, tiefes Loch im Meeresboden. Es erscheint dunkelblau, weil es viel tiefer ist als die Umgebung. Das Loch vor der Küste von Belize in Mittelamerika hat einen Durchmesser von über 300 m und ist 125 m tief.

Rätselhaftes Loch

Das Great Blue Hole ist so vollkommen rund, dass es wie von Menschenhand gemacht wirkt. Es wird vermutet, dass es zu einer Zeit entstanden ist, als dort noch trockenes Land war. Das Loch war eine gigantische Untergrundhöhle, bedeckt von einem Felsdach. Am Ende der letzten Eiszeit, vor etwa 10 000 Jahren, stieg der Meeresspiegel, das Felsdach stürzte ein und Wasser floss in das Loch.

Was ist im Loch?

Das Wasser tief im Loch ist klar und ruhig. Da es wenig Sauerstoff enthält, leben dort nicht allzu viele Meerestiere. Aber es gibt Fische und Garnelen. Einige Haie, wie Bullenhaie, schwimmen dort an der Oberfläche. Die senkrechten Wände des Lochs weit unten bestehen aus beeindruckenden Stalaktiten und anderen Felsformationen, die sich vermutlich gebildet haben, als die Höhle noch trocken lag.

Taucherhimmel

Der große Meeresforscher Jacques Cousteau hielt das Great Blue Hole für eines der besten Tauchreviere der Welt. Er erforschte es und drehte Unterwasserfilme davon. Auch heute noch gehen viele Taucher dort auf Entdeckungsreise.

Ama-zonas-Regenwald

Der Amazonas-Regenwald ist der größte Regenwald der Welt. Er bedeckt 6 Millionen km² von Südamerika und erstreckt sich rund um den mächtigen Amazonas-Fluss.

Richtig regnerisch

Regenwälder sind unglaublich feucht. Sie liegen nahe dem Äquator, wo es sehr heiß ist. Jeden Morgen lässt die Wärme der Sonne das Wasser am Boden, aus den Flüssen und von den Pflanzen im Wald verdunsten, es entstehen Wolken. Sie geben das Wasser jeden Nachmittag mit heftigen Schauern wieder ab.

Voller Leben

Der Amazonas-Regenwald ist KNALL-DICHT mit Wildtieren. Gingst du dort spazieren, würdest du auf Affen, tropische Vögel, unzählige Baumfrösche, Eidechsen und Schlangen, Millionen Ameisen, Spinnen und anderes Krabbelgetier sowie Tausende Fische, Pilze und natürlich Bäume treffen.

Im Amazonas-Regenwald stehen riesenhafte Bäume mit gewaltigen Stämmen.

Bald abgeholzt?

Jedes Jahr werden große Gebiete des Amazonas-Regenwalds gefällt, um Farmland zu gewinnen. Geht das so weiter, verkleinert sich der Regenwald in wenigen Jahrzehnten um die Hälfte.

Sundarbans

Die meisten haben vom Regenwald gehört, kaum einer von den Mangrovenwäldern — die seltsamer, sumpfiger und viel salziger sind und meist in Küstennähe liegen. Zu den spektakulärsten und wichtigsten Mangrovenwäldern zählen die Sundarbans.

Faszinationsgrad

Wenn du die Chance hast, dorthin zu kommen, wird dich dieses magische und gefährliche Sumpfland verzaubern.

Supersumpf

Die Sundarbans liegen an der Mündung des Ganges ins Meer, an der Grenze zwischen Indien und Bangladesch. Dort teilt sich der Fluss in ein Delta aus Tausenden schlammigen, sumpfigen Kanälen, Schlammbänken und -inseln. Im Gegensatz zu anderen Bäumen wachsen Mangroven in direkter Nähe zum Meer. Bei Flut werden ihre Stämme und Wurzeln vom Meerwasser überspült.

Die Tierwelt der Sundarbans

All das macht die Sundarbans zum beeindruckenden Lebensraum für Wildtiere wie hochgiftige Schlangen und gefährliche Krokodile sowie Haie, prachtvolle Wasservögel, Fische, Insekten, Wild und, am bekanntesten, den gefährdeten Bengal-Tiger.

Grausame Tiger

Tiger erlegen normalerweise keine Menschen, doch in den Sundarbans ist das anders: Jedes Jahr werden dort Leute bei lebendigem Leib von ihnen gefressen.

Ein Tiger holt sich ein nasses Fell in einem Fluss in den Sundarbans.

Hunderte Monarchfalter an einem Baumstamm in Mexiko

Faszinationsgrad

Wie schafft es ein so kleines, zarte Wesen, so weit weg genau an den O zu fliegen, wo seine Ururgroßelter überwinterten?

Monarch-falter

Die Wanderungen der Monarchfalter sind unglaublich. Sie überwinden nicht nur große Entfernungen — sie wissen auch genau, wo sie hinfliegen, obwohl sie dort noch nie zuvor waren!

Was geschieht?

Jedes Frühjahr schlüpfen Monarchraupen aus ihren Eiern, fressen, wachsen, verpuppen sich und werden zu wunderschönen Schmetterlingen. Diese legen Eier, die zu Raupen und Schmetterlingen werden, die wiederum Eier legen, die zu Raupen und Schmetterlingen werden. Im Herbst erscheint die vierte, etwas andere und langlebigere Generation. Statt Eier zu legen, fliegt sie in den Süden zum Überwintern. Kanadische Monarchfalter zieht es nach Mexiko, wo sie sich im Frühjahr paaren. Dann geht's zurück nach Norden, zur Eiablage, und der Zyklus beginnt von vorn.

Der richtige Baum

Jeder Monarchfalter nimmt die Route seines Vorfahren — manchmal kehrt er sogar zum selben Baum zurück. Woher wissen die Falter, wo sie hinmüssen? Forscher glauben, dass die Information in ihrem Körper gespeichert ist, sie rätseln aber noch, wie es genau funktioniert.

Igitt!

Monarchfalter legen ihre Eier auf der giftigen Seidenpflanze ab, von der sich die Raupen ernähren. Das Gift bleibt in ihren Zellen, was sie später ungenießbar für Fressfeinde macht und so schützt.

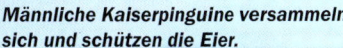
*Männliche Kaiserpinguine versammeln
sich und schützen die Eier.*

Marsch der Kaiserpinguine

*Für Kaiserpinguine, die größten Pinguine der Welt, ist
Kinderkriegen harte Arbeit. Sie müssen wochenlang
wandern, ohne Nahrung bei Eiseskälte.*

Los geht's!

Kaiserpinguine leben rund um die Küste
der Antarktis — aber zum Brüten müssen sie aus Sicherheitsgründen viele
Kilometer landeinwärts watscheln. Jedes Weibchen legt nur ein Ei. Um Fisch
zu fangen, überlässt es die Mutter dem
Vater, das Ei warm zu halten. Er balanciert es auf seinen Füßen und bedeckt es
mit seiner Bauchfalte.

BRRRRRR!

Die männlichen Pinguine kauern sich ohne
Nahrung zusammen. Um zu überleben, verbrauchen sie ihr Körperfett. Zwei Monate
später schlüpfen die Jungen und die Weibchen kehren zurück. Sie füttern die Küken
mit hochgewürgtem Fisch. Jetzt wandern die Männchen zum Fressen
ans Meer.

Faszinationsgrad

Stell dir vor, deine Eltern müssten das
alles durchmachen, nur um dir Fisch
zu servieren!

Hingebungsvolle Väter

**Kaiserpinguine sind nicht die ein-
zigen Väter, die sich um ihre Babys
kümmern. Der Siamesische Kampf-
fisch schützt seine Eier in einem
Schaumnest. Männliche Seepferd-
chen werden sogar schwanger. Sie
tragen die Eier in einer Bauchtasche.**

Masai Mara

Ein Krokodil schnappt mit seinem fürchterlichen Rachen nach einem Gnu.

Wenn du Großkatzen auf Jagd sehen willst, vorbeispringende Gazellen und Zebras oder Gnus, die über die Steppe donnern, solltest du die Masai Mara besuchen. Afrikas berühmtester Safaripark wartet mit einer erstaunlichen Reihe seltener und herrlicher Tiere sowie Naturschönheiten auf.

Wer lebt hier?

Die Masai Mara liegt in Kenia, Ostafrika, und besteht hauptsächlich aus Grasland, einigen Sümpfen, Flüssen, verstreuten Bäumen und Felsen. Dort leben viele außergewöhnliche Tiere — Löwen, Geparden und Leoparden, Nashörner, Krokodile, Zebras, Giraffen, Elefanten, Strauße und Geier.

Massenwanderung

Jedes Jahr im Juni/Juli ziehen oder wandern die Zebras, Gnus und Gazellen durch die Ebenen der Serengeti nach Norden in die Masai Mara, wo sie mehr Wasser und frisches Gras finden, und wieder zurück. Über zwei Millionen Tiere gehen den 1600 km langen Weg durch Ebenen und Flüsse, wo ihre Feinde auf sie warten.

Faszinationsgrad

Über 200 000 Touristen besuchen jährlich die Masai Mara, um die sensationelle Tierwelt Afrikas zu erleben.

Heuschrecken

Stell dir einen Schwarm großer, flatternder, hungriger Insekten vor, so riesig und dicht, dass sich der Himmel verdunkelt und die Luft voll davon ist. Heuschrecken krabbeln dir übers Gesicht, auf deiner Kleidung — kreisch! Aber sie wollen nicht dich fressen, sondern nur ein paar Pflanzen ...

Was ist eine Heuschrecke?

Im Grunde sind Heuschrecken große Grashüpfer und hauptsächlich in Afrika und Asien zu Hause. Sie werden Heuschrecken genannt, wenn sie sich zu großen Schwärmen zusammenschließen und zur »Heuschreckenplage« werden. Das tun sie, laut Experten, wenn es viel geregnet hat und es viel zu fressen gibt. Die sonst braunen oder grünen Grashüpfer färben sich rot, gelb oder schwarz-gelb und brechen in großen Gruppen zu Fressorgien auf.

Faszinationsgrad

Allein die Anzahl von Insekten macht einen Heuschreckenschwarm zu einem der unfassbarsten Anblicke auf diesem Planeten.

Lecker!

Ein Weg, einer Heuschreckenplage etwas Gutes abzugewinnen, ist es, die Insekten zu fangen und zu essen. Sie sind eine sehr gesunde, eiweißreiche Kost und schmecken auch noch gut.

Oh nein! Die ganze Ernte!

Eine Heuschreckenplage versetzt Bauern in Angst und Schrecken. Die Insekten vertilgen innerhalb von Minuten ganze Reis-, Mais- oder andere Getreidefelder. Auch Blätter, Früchte oder Gemüse jeglicher Art finden sie bekömmlich. Sie können Hungersnöte verursachen, wenn sie in großen Gebieten alles ratzekahl fressen.

Schon gewusst?

Ein einzelner Heuschreckenschwarm kann über 1200 km² groß sein und aus 100 Milliarden Heuschrecken bestehen. Das sind viel mehr Heuschrecken als Menschen auf der Erde.

Ein Heuschreckenschwarm an einem Strand auf Fuerteventura, eine der Kanarischen Inseln

Blauwal

Ein Blauwal ist nicht nur groß. Er ist UNGEHEUERLICH groß. Er ist nicht nur das größte Tier auf unserem Planeten, sondern auch das größte Tier, das jemals gelebt hat — größer als jeder Dinosaurier. Sein Herz hat die Größe eines Kleinwagens, und einige seiner Blutgefäße sind so weit, dass du in sie hineinpassen würdest.

Verblüffend groß

Ein Blauwal kann 30 m lang werden (das entspricht vier Klassenräumen hintereinander) und bis zu 200 Tonnen wiegen. Einige Dinosaurier waren mit ihren schlangenähnlichen Hälsen und spitz zulaufenden Schwänzen länger — aber sie wogen viel weniger, etwa um die 90 Tonnen. Blauwale haben eine ausladende, lange, solide Zylinderform, sie sind also wesentlich schwerer.

Faszinationsgrad

Dies muss das erstaunlichste Tier der Welt sein.

Manchmal kann man Blauwale hoch aus dem Wasser springen sehen.

Furchterregende Monster?

Auch wenn sie Riesen sind, Blauwale stellen für Menschen keine Bedrohung dar. Sie sind keine unerbittlichen Jäger — sie kreuzen einfach mit weit offenem Maul durch die Weltmeere und schöpfen Plankton und Krill als Futter ab.

Der Kopf des Blauwals macht ein Viertel seiner Körperlänge aus, sein Kopf gehört damit zu den größten auf der Erde.

Singende Giganten

Sie sind nicht nur die größten Wesen, Blauwale zählen auch zu den lautesten. Sie singen grunzende, klagende Lieder. Sie versuchen, damit Partner anzulocken, und können einander über Hunderte Kilometer hören.

Küsten-mammut-baum

Das höchste Lebewesen auf der Erde ist 50-mal so groß wie ein Durchschnittsmensch. Der Küstenmammutbaum oder die Küsten-Sequoie überragt als höchster Baum der Welt einen 30-stöckigen Wolkenkratzer.

Mächtige Bäume

Die normalen Bäume um uns herum, etwa Apfelbäume oder Eichen, haben eine Größe von 3 bis 25 m. Im Vergleich dazu ist der Mammutbaum mit 90 m Höhe riesenhaft. Diese Bäume werden aber nur an einem Ort so unglaublich groß – an einem Abschnitt der kalifornischen Küste.

Faszinationsgrad

Diese Monsterbäume überragen alle anderen.

Zweitbester

Ein anderer Baum, der Riesenmammutbaum, ist das schwerste lebende Wesen des Planeten. Er wird nicht so hoch wie der Küstenmammutbaum, aber er wiegt viel mehr. Der größte Riesenmammutbaum ist schwerer als zehn der größten Blauwale.

Salar de Uyuni

Zwei Fahrzeuge durchqueren die unglaubliche Weite der Salar de Uyuni in Bolivien.

Ein WAHNSINNSANBLICK — der knallblaue Himmel und die weißen Wolken, die von einem glasklaren »Spiegel« reflektiert werden. Dieses atemberaubende Bild bietet sich manchmal in der Salar de Uyuni in Bolivien, der weltweit größten Salzpfanne. Sie ist 10 582 km² groß und liegt 3656 m über dem Meeresspiegel in den Anden.

Faszinationsgrad

Eine gigantische Salzpfanne ist ein überwältigender Anblick — man fühlt sich wie auf dem Mond.

Was ist eine Salzpfanne?

Eine Salzpfanne, auch Salzsee, ist wie ein normaler See, der allerdings nicht aus Wasser besteht. Es ist ein völlig flaches Gebiet aus festem, hartem Salz. Salzpfannen entstehen, wenn sich Salz und Mineralien in einem See anreichern, das Wasser verdunstet und das Salz zurückbleibt. Salzpfannen sind hauptsächlich trocken, aber manchmal mit einer Schicht Regenwasser überzogen. In der Uyuni macht dieses Wasser die Salzfläche zu einem riesigen, schimmernden Spiegel.

Hilfreiche Uyuni

Vielleicht hältst du die Uyuni für einen öden, kargen Ort, dabei geht es dort sehr geschäftig zu. Hier brüten Flamingos — und auch andere Tiere, wie Füchse und Nagetiere, leben auf kleinen »Felseninseln« mitten im Salz. Da die Uyuni sehr flach ist, durchkreuzen sie Tausende von Reisenden jedes Jahr auf ihrem Trip durch die Anden. Wissenschaftlern dient sie, um Satelliten für die Erdvermessung zu testen und zu programmieren.

Salzhotels

Als besondere regionale Attraktion haben Einheimische mehrere Salzhotels als Unterkunft für Touristen errichtet. Sie werden aus Salzbrocken aus dem Salzsee errichtet.

Totes Meer

Das Tote Meer ist kein Meer, sondern ein äußerst salziger, unter dem Meeresspiegel liegender See zwischen Israel und Jordanien. Es heißt Totes Meer, da in ihm aufgrund seines Salzgehalts keine Tiere leben können, und es ist in vielerlei Hinsicht seltsam.

Sehr tief gelegen

In die meisten Seen fließen Flüsse hinein und wieder hinaus. Nicht beim Toten Meer — seine Ufer befinden sich 400 m unter dem Meeresspiegel, was sie zu dem am tiefsten gelegenen, nicht von Wasser oder Eis bedeckten Bereich der Erde macht.

Weil das Wasser im Toten Meer so dicht ist, treibst du oben.

Das Tote Meer ist sehr seltsam, besonders wenn du schwimmen gehst.

Ein Mann und ein Junge reiben sich am Toten Meer mit Schlamm ein.

Zauberwasser

Da das Wasser nicht abfließen kann, verdunstet es — zurück bleiben Salz und Mineralien. Mit der Zeit erhöht sich ihre Konzentration, sodass das Tote Meer rund 30 % Salz enthält (normales Meerwasser hat einen Salzgehalt von 3 %). Dadurch wird das Wasser sehr dicht.

Schon gewusst?
Viele Menschen mit Hautkrankheiten fahren ans Tote Meer. Das Salz und die Mineralien im Wasser und der Uferschlamm scheinen heilend zu wirken.

Dieser Canyon ist in aller Welt als ein der beeindruckendsten Sehenswürdigkeiten des Planeten bekannt.

Grand Canyon

Der Grand Canyon in Arizona hat das Attribut »Grand« (groß) wahrlich verdient. Er zählt zu den größten und beeindruckendsten Felsformationen der Welt.

Der Grand Canyon ist eine Schlucht – eine sehr tiefe, steile Klamm. Die hohen Felswände auf beiden Seiten weisen erstaunlich getönte Farbstreifen auf und bestehen aus Gesteinsschichten unterschiedlichen Typs und Alters. Viele Schluchten sind eng, aber der Grand Canyon ist sehr breit, zwischen 183 m und 30 km. Er ist bis zu 2 km tief und beinahe 450 km lang.

Wie ist er entstanden?

Schluchten entstehen durch einen hindurchfließenden Fluss. Über

Millionen von Jahren hat sich der Colorado River seinen Weg durch die Landschaft gebahnt und einen gewaltigen Canyon geschaffen. Er fließt noch heute durch den Grund des Canyons.

Schau nicht runter!

Fast fünf Millionen Touristen jährlich besuchen den Grand-Canyon-Nationalpark. Du kannst mit dem Helikopter hindurchfliegen oder dich auf den Grand Canyon Skywalk, eine Plattform mit Glasfußboden, wagen. Sie ragt 22 m weit über den 1219 m tiefen Abgrund hinaus. Kreisch!

Der Grand Canyon, durch den der Colorado River fließt

Preikestolen

Wenn du unter Höhenangst leidest, wird dich schon das Foto vom Preikestolen (norwegisch für Kanzel oder Predigtstuhl) erschrecken. Das beeindruckende Felsplateau fällt rund 600 m senkrecht in den Lysefjord, einen der längsten und tiefsten Fjorde oder Meeresarme Norwegens.

Picknickzeit!

Wenn du mutig genug bist, steigst du mit vielen Tausend anderen den schmalen Bergpfad zum Preikestolen hinauf. Im Sommer machen die Besucher das flache, eckige Plateau zum Picknickplatz und genießen die Aussicht. Sich über die 600 m tiefe Steilkante zu lehnen, ist keine gute Idee, aber viele Leute lugen auf dem Bauch liegend über den Rand.

Nicht zu Hause nachmachen!

Weil der Preikestolen so tief und gerade abfällt, ist er ein beliebter

Ort für Base-Jumper. Diese Extremsportler springen mit einem Fallschirm von dem Felsplateau und versuchen, sicher nach unten in den Fjord zu segeln. Das ist SEHR gefährlich, da Winde die Springer auf ihrem Weg nach unten gegen den Felsen drücken können. Autsch!

Faszinationsgrad

Die atemberaubende Lage und die Gänsehaut erzeugende Steilheit des Preikestolen machen ihn zur berühmtesten Naturattraktion Norwegens.

Besucher genießen die überwältigende Aussicht vom Preikestolen.

Eisschnitt

Die Fjorde und Felshänge wurden von Gletschern geformt, die sich von den Bergen ins Meer schoben und dabei lange, tiefe Einschnitte in den Felsen hinterließen. Als das Eis schmolz, füllten sich diese Täler mit Meerwasser.

Gleich groß?

Der Mond ist 400-mal kleiner als die Sonne, da er aber näher zur Erde steht, wirken sie gleich groß. Bei einer Eklipse passt der Mond genau über die Sonne.

Eine Sonnenfinsternis im »Diamantring«-Stadium kurz vor der völligen Dunkelheit

Diamantring

Bei manchen Eklipsen gibt es einen Moment, in dem die Sonne völlig bedeckt ist, bis auf einen hellen Schein auf einer Seite, was den »Diamantringeffekt« erzeugt.

Sonnenfinsternis

Wenn in früheren Zeiten eine Sonnenfinsternis tagsüber den Himmel verdunkelte, waren die Menschen entsetzt. In unserer Zeit beeilen sich alle, das Spektakel mit Schutzbrillen anzusehen.

Was ist das?

Eine Eklipse oder Sonnenfinsternis ereignet sich, wenn sich der Mond genau zwischen Sonne und Erde schiebt. Bei einer totalen Sonnenfinsternis scheint er, wenn du am richtigen Ort stehst, sie dabei völlig zu verdecken und wirft einen Schatten auf die Erde. Das passiert etwa nur einmal alle 18 Monate. Eine partielle Sonnenfinsternis, bei der der Mond nur Teile der Sonne verdeckt, kommt im Jahr öfter vor.

Mit Vorsicht betrachten

Eine Sonnenfinsternis ist ein fantastischer Anblick — aber schütze deine Augen. Direkt in die Sonne zu blicken, kann deine Augen schädigen. Zum Beobachten der Sonnenfinsternis gibt es spezielle Schutzbrillen zu kaufen.

Faszinationsgrad

Eine Sonnenfinsternis ist das beeindruckendste und aufregendste aller Naturschauspiele. Es ist merkwürdig und spannend zugleich, dabei zu sein.

Bei seiner Sichtung 1604 war Keplers Stern der hellste am Firmament.

Supernova

Eine Supernova entsteht, wenn ein großer Stern an Energie verliert und das Ende seiner Lebensspanne erreicht. Einige Sterne kühlen dann ab und kollabieren, andere werden dichter und schwerer, bis sie plötzlich explodieren.

Leuchtende Sterne

Von der Erde aus kann eine Supernova wie ein neuer heller Stern aussehen. Das liegt daran, dass ein weit entfernter, für uns bisher nicht sichtbarer Stern durch die Explosion auf einmal viel heller leuchtet. Nach etwa einem Jahr verschwindet er wieder.

In Stücke gesprengt

Bei der Supernova wird Sternenmaterie in alle Richtungen gesprengt. Das hinterlässt manchmal eine große Staub- und Gaswolke, Nebel genannt. Aus dem Nebel können neue Sterne entstehen, wenn Staub und Gas sich wieder verdichten.

Faszinationsgrad

Aus nächster Nähe wäre es fürchterlich, von der Erde aus lässt sich eine Supernova in aller Ruhe beobachten.

Keplers Stern Die berühmteste Supernova wurde 1604 gesichtet und war ein Jahr lang zu sehen. Sie hieß Keplers Stern, nach Johannes Kepler, einem deutschen Astronomen, der sie entdeckte. Es war die letzte eindeutige Supernova in unserer Galaxie, Supernovae sind jetzt häufiger in anderen Galaxien zu sehen.

Computerillustration eines Pulsars, eines rotierenden Neutronensterns

Neutronenstern

Stirbt ein alter, großer Stern in einer gewaltigen Supernova, kann ein Neutronenstern zurückbleiben.

Schwerer Zwerg

Die Sonne ist ein ziemlich typischer, mittelgroßer Stern, mit 1,4 Millionen km Durchmesser etwa 100-mal größer als die Erde. Im Vergleich dazu ist ein Neutronenstern mit rund 20 km Durchmesser winzig. Trotzdem haut er ganz schön rein – denn obwohl so klein, ist er viel schwerer als die Sonne. Durch den Kollaps besitzt er eine unglaublich hohe Dichte, mit sehr viel Masse auf engstem Raum.

Pulsare

Wenn ein Neutronenstern nach der Supernova entsteht, rotiert er. Wenn er kollabiert, kleiner und dichter wird, dreht er sich schneller. Mit der Zeit verlangsamt sich die Drehung, aber am Anfang ihres Seins rotieren Neutronensterne viele Male in der Sekunde. Sie senden Strahlung aus, die für uns auf der Erde zu »pulsieren« scheint, weshalb sie »Pulsare« genannt werden.

Echt gruselig

Als die Pulsare 1967 entdeckt wurden, hielten einige Astronomen das regelmäßige Muster der Strahlung für den Versuch von Außerirdischen, uns zu kontaktieren.

Schwarzes Loch

Schwarze Löcher sind die geheimnisvollsten astronomischen Objekte. Wir können sie nicht sehen, da sie, wie ihr Name schon sagt, schwarz sind und Materie in ihnen verschwindet. Anders als Sterne oder Planeten leuchten sie nicht am Nachthimmel, aber es gibt genug Beweise für ihre Existenz.

All-Staubsauger

Forscher vermuten, dass Schwarze Löcher entstehen, nachdem ein bestimmter Typ von Sternen vollständig in sich zusammengefallen ist. Ihre Schwerkraft zieht die gesamte Materie so stark zusammen, dass sie zu einem winzigen Punkt ohne Volumen werden. Genauer: Er nimmt überhaupt keinen Raum ein! Trotzdem ist er enorm schwer und besitzt eine große Gravitation. Dadurch wird alle Materie rundum und sogar Licht eingesaugt. Wissenschaftler weisen Schwarze Löcher dadurch nach, dass Materie auf sie zuwirbelt und verschluckt wird.

Erwischt uns ein Schwarzes Loch?

Schwarze Löcher klingen beängstigend, aber auch bei ihnen unterliegt nur der Schwerkraft, was in ihrer Nähe ist — ganz wie bei uns auf der Erde nur Dinge zu Boden fallen, die der Schwerkraft ausgesetzt sind. Ein Schwarzes Loch wächst nicht ständig an und saugt dann alles ein, was es gibt. Wir können also problemlos mit ihnen im Universum leben.

So sieht ein Künstler ein Schwarzes Loch und die hineinwirbelnde Materie.

Faszinationsgrad

Die vielleicht unglaublichste Vorstellung, an der dein Verstand zu knacken hat!

Unglaubliche menschliche Werke

Wenn du dich umsiehst, wirst du feststellen, dass wir Menschen einfach nicht aufhören können, Dinge zu bauen, zu gestalten und zu erfinden. In diesem Kapitel wirst du einige der faszinierendsten Kreationen entdecken. Die höchsten Türme der Welt, die längsten Brücken, die gewaltigsten Minen und Dämme und die magischsten antiken Monumente, Tempel und Ruinen – sie sind hier ebenso zu finden wie seltsame Statuen und skelettgefüllte, unterirdische Krypten. Du findest hier außerdem die irrsinnigsten Maschinen, von den schnellsten Autos und Flugzeugen bis zu den GRÖSSTEN Baumaschinen, die hochtechnologisiertesten Roboter und sogar die rasanteste Achterbahn der Welt.

Cheops-Pyramide

Die Griechen legten sieben unglaublich faszinierende Plätze fest, die es unbedingt zu besuchen galt, bekannt als die sieben Weltwunder. Eines von ihnen ist die Cheops-Pyramide. Sie ist die größte der drei riesigen Pyramiden, die im alten Ägypten in Gizeh, nahe Kairo, entstand.

Pyramiden für die Herrscher

Die Ägypter bauten diese Pyramiden für ihre Herrscher. In der Cheops-Pyramide führen lange Gänge zu Kammern, die für den ägyptischen Pharao Chufu (griechisch: Cheop) und seine Schätze vorgesehen waren. Chufu selbst wurde nie entdeckt, und es bleibt unklar, ob er hier beerdigt wurde.

Wie wurden sie errichtet?

Um die Cheops-Pyramide vor 4500 Jahren zu erbauen, ohne Kräne, Planierraupen oder Elektrowerkzeug, schnitten, formten und beförderten die Ägypter mehr als zwei Millionen Steinblöcke, von denen jeder mehr als zwei Autos wog. Sie setzten sie zu einer perfekten Pyramide von 146 m Höhe zusammen. Experten vermuten, dass sie Gruppen von Tausenden Arbeitern einsetzten, die die Steine über Erdrampen und Rollen aus Holzstämmen zogen.

Faszinationsgrad

Dieses riesige, geheimnisumwitterte Monument ist eine der berühmtesten Touristenattraktionen der Welt.

Die Sphinx Nahe den drei Pyramiden von Gizeh befindet sich die Sphinx. Diese Statue, ein mystisches Wesen mit einem Löwenkörper und einem Menschenkopf, ist 73 m lang und 20 m hoch.

Chichén Itzá

In Mexiko, dem Land der alten Mayas und Azteken, gibt es auch Pyramiden. Die beeindruckendsten finden sich in der Maya-Ruinenstätte Chichén Itzá.

Schon gewusst?

Die Pyramiden der Mayas waren nicht nur Tempel, sondern wurden auch zur Beobachtung des Nachthimmels genutzt und für die Aufzeichnung der Sternen- und Planetenbewegungen.

Religiöse Stätte

Chichén Itzá ist ein Bezirk mit mehreren Pyramiden, Gebäuden, Schnitzereien und Statuen. Es war zwischen 900 und 1100 ein wichtiges religiöses Zentrum.

El Castillo

Das größte Gebäude auf dem Gelände ist als El Castillo, das Schloss, bekannt. Tatsächlich ist es eine Stufenpyramide mit einem Tempel auf der Spitze. Sie entstand vor rund 1000 Jahren und ist Kukulcán gewidmet, dem gefiederten Schlangengott. Die Treppenstufen besitzen steinerne Schlangenköpfe, und zweimal im Jahr bewegt sich der Schatten der gestuften Pyramidenkanten über sie in schlangengleichen Bewegungen.

Steile Treppen
Die Treppenstufen an jeder Seite der Pyramide erleichtern es, El Castillo zu erklimmen. Tausende Touristen stiegen dort hoch. Nachdem 2006 ein Besucher von der Pyramide stürzte und starb, ist eine Besteigung nicht mehr erlaubt.

Oster-insel

1722 segelte der Entdecker Jakob Roggeveen auf der Suche nach unbekanntem Land über die Meere der südlichen Hemisphäre. Er fand am Ostersonntag eine winzige Vulkaninsel im Pazifik, die er Osterinsel nannte.

Kolossale Köpfe

Das Bemerkenswerteste an der Osterinsel sind die riesigen, menschenähnlichen, bis zu 22 m hohen Steinstatuen, die Moai. Diese beeindruckenden Skulpturen werden oft auch »Steinerne Köpfe« genannt. Zwar bilden die Figuren auch die Körper ab, aber die Köpfe sind überdimensional groß und oft war der untere Teil der Figuren verschüttet.

Wer hat dort gelebt?

Die Moai wurden vermutlich von Menschen aus Polynesien, einer Inselgruppe im Pazifik, geschaffen. Sie verehrten ihre Ahnen, die diese Statuen verkörpern. Eine Figur kann bis zu 100 Tonnen wiegen, so viel wie 14 Elefanten. Es muss ein ungeheurer Aufwand gewesen sein, die Moai zu transportieren und aufzustellen.

Faszinationsgrad

😛 😛

Das Geheimnis um ihre Entstehung und ihre Gesichter macht die Figuren ziemlich spektakulär.

Die berühmten Steinernen Köpfe sind aus Stein gemeißelt.

Nazca-Linien

Auf einer Hochebene in einer Wüste nahe Nazca in Peru, Südamerika, sind Hunderte Linien und Bilder in den Wüstensand gescharrt worden. Nur vom Flugzeug aus großer Entfernung gesehen ergeben sie einen Sinn. Wie sind sie entstanden?

Langlebige Linien

Die Nazca-Linien sind Scharrbilder, für die der rote Stein an der Oberfläche der Wüste entfernt wurde, um den darunterliegenden helleren Stein freizulegen. Experten vermuten, dass das Volk der Nazca dies vor 1500 bis 2000 Jahren gemacht hat. Die Linien blieben bis heute erhalten, weil es in der Wüste wenig Regen und Wind gibt, die die Steine bewegen und die Linien wieder verdecken könnten.

Bildergalerie

Die riesigen Scharrbilder zeigen gerade Linien, Spiralen, Dreiecke, andere Formen und Tiere. Die Linien können mehrere Kilometer lang sein. Forscher glauben, die Nazca hätten sie für ihre Götter geschaffen oder um zu markieren, wo es Wasser gibt.

Einige der Bilder sind Hunderte Meter lang. Dieses stellt einen Affen dar.

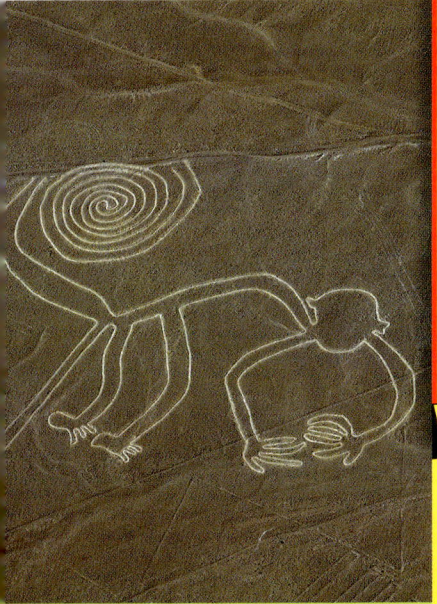

Der Blick vom Himmel

Einige Leute meinen, die Nazca hätten gewusst, wie man fliegt, nur so hätten sie die Bilder sehen können. Andere behaupten, die Linien seien als Landebahnen für außerirdische Raumschiffe angelegt worden.

Faszinationsgrad

Diese Linien sind großartig, aber du brauchst ein Flugzeug, einen Ballon oder Helikopter, um sie richtig gut zu sehen.

Goldener-Fels-Pagode

Diese wundervolle goldene Pagode ist über 5 m hoch und wurde auf einem vergoldeten Felsen errichtet, der auf der Spitze eines anderen Felsens balanciert. Sie liegt in Myanmar (auch: Burma oder Birma) in Südostasien.

Wackel!

Erstaunlicherweise steht der Fels, auf dem die Pagode gebaut wurde, frei. Wenn du ihn ein wenig anstößt, wackelt er leicht auf seinem Sockel.

Was ist eine Pagode?

Es gibt viele verschiedenartige Pagoden, aber meist sind es turmartige Gebäude mit mehreren Stufen.

Die Goldener-Fels-Pagode ist eine heilige buddhistische Stätte.

Legende

Der Legende nach entstand die Pagode, als Buddha, Stifter des Buddhismus, einem Eremiten eine Haarreliquie schenkte. Der Eremit übergab sie dem König mit der Bitte, sie in einem Fels aufzubewahren, der die Kopfform des Eremiten habe. Der König fand so einen Fels und errichtete die Pagode darauf.

Kappadokische Felsenwohnungen

Einer der »Krieg der Sterne«-Filme wurde zum Teil in Kappadokien, Türkei, gedreht, wegen der seltsamen, außerirdischen Atmosphäre dort. Hohe Tuffsteinformationen bestimmen die Landschaft, in die Felsen hinein wurden Hunderte Felsenwohnungen gehauen.

Leben in der Höhle

Menschen leben hier schon seit Tausenden von Jahren. Die Felsen sind vulkanischen Ursprungs, wurden dann von Wind und Wasser geformt und lassen sich leicht aushöhlen. Die Menschen haben ihren Höhlen Fenster, Treppenstufen und Balkone gegeben.

Kühl und verborgen

In den Häusern ist es das ganze Jahr über kühl. Und indem sie tiefer in den Fels gruben, schufen die Menschen hervorragende Schlupfwinkel, um Angriffen zu entgehen.

Leben im Fels

Einige der Felsenwohnungen wurden in Hotels umgewandelt. Dort kannst du übernachten und erleben, wie es ist, in einer Höhle zu leben.

Faszinationsgrad

Es ist so außerordentlich seltsam dort, dass du dich wie in einem Märchen fühlst.

Einige Höhlen stehen inzwischen leer, in anderen wohnen noch Menschen.

Terrakotta-Armee

Der chinesische Kaiser Quin Shihuangdi war erst 13 Jahre alt, als er seine Grabanlage in Auftrag gab. Sie hatte eine Pyramide, Paläste, Türme und eine 8000 Soldaten starke Armee, die ihn beschützen und ihm helfen sollte, sein Königreich im Jenseits zu regieren.

Ton-Soldaten

Die Soldaten im Grab waren keine echten Menschen, sondern aus Terrakotta, eine Art roter Ton. Sie sind lebensgroß, teilweise etwas größer, und tragen, nach Wunsch des Kaisers, alle eigene Gesichtszüge. Die einzelnen Körperteile wurden mit Formen angefertigt und dann zusammengefügt und zum Schluss um die letzten Details der Gesichter ergänzt.

Faszinierender Fund

Die Armee war über 2000 Jahre nahe der chinesischen Stadt Xiyang begraben, vom Tod des Kaisers 207 v. Chr. bis 1974. Dann gruben Bauern nach einer Quelle und stießen auf einige der vergrabenen Figuren. Archäologen legten die riesige Stätte nach und nach frei.

Faszinationsgrad

Menschen reisen aus aller Welt an, um diese faszinierenden Krieger zu bestaunen.

Die Armee umfasst Soldaten verschiedener Ränge sowie Pferde und Kutschen.

Pompeji

Die beeindruckenden Ruinen von Pompeji, Italien, zeigen uns, wie eine römische Stadt vor 2000 Jahren aussah — kurz bevor ein Ausbruch des nahe gelegenen Vulkans Vesuv sie zerstörte.

Mächtiger Ausbruch

Der Ausbruch ereignete sich 79 n. Chr. Der Vulkan hatte schon tagelang gegrollt, bevor er sich in einem pyroklastischen Strom entlud. Das ist ein heißer Strom aus Gestein, Asche und Vulkangasen, den manche Vulkane ausspucken. Die Menschen erstickten oder wurden lebendig begraben.

Pompeji heute

Pompeji war jahrhundertelang verschüttet, bis ein Architekt es im 16. Jh. wiederentdeckte. In den folgenden Jahrhunderten wurde in verschiedenen Ausgrabungen immer mehr von der Stadt freigelegt.

Gegenwärtige Gefahr

Noch immer ist der Vesuv aktiv, er liegt oberhalb der Großstadt Neapel, Italien. Drei Millionen Menschen leben in seiner Nähe und wären von seinem Ausbruch bedroht.

Faszinationsgrad

Pompeji ist ein überwältigendes Zeugnis römischer Geschichte sowie eines verheerenden Vulkanausbruchs.

Bei den Ausgrabungen in Pompeji wurden menschliche Überreste entdeckt.

Kolosseum

In Rom, der italienischen Hauptstadt, sind viele Gebäude aus alt-römischer Zeit erhalten. Das Kolosseum ist das atemberaubendste von allen. Dieses gewaltige Amphitheater ist ein ovales Freiluft-Stadion, in dem die Römer ihre liebsten Sportveranstaltungen und Spiele ansehen konnten.

Blutige Spiele

Das Amüsement der Römer war blutig! Die Zuschauer sahen Gladiatoren zu, die mit wilden Tieren oder gegeneinander auf Leben und Tod kämpften. Gladiatoren waren meist Sklaven oder Kriminelle, die zur Strafe ins Kolosseum geschickt wurden. Es gab keine großen Überlebenschancen. Wer jedoch gut war und viele Kämpfe überstand, konnte seine Freiheit gewinnen und sogar reich und berühmt werden.

Römische Ruinen

Das Kolosseum wurde 72–80 n.Chr. aus Stein errichtet. Heute steht es nur noch teilweise, da ein Abschnitt während eines Erdbebens 1349 zusammenfiel.

Faszinationsgrad

Mit 155 m Breite und 190 m Länge kann sich dieser römische Bau mit mancher modernen Stadion messen.

Das Kolosseum ist eindrucksvoll, selbst wenn es nicht ganz erhalten ist.

Schon gewusst?

Die Römer nutzten das Kolosseum über mehrere Jahrhunderte. Zehntausende Gladiatoren, Christen und wilde Tiere sind dort vermutlich gestorben.

Taj Mahal

Das Taj Mahal ist eines der berühmtesten Gebäude der Welt. Es wirkt wie ein unglaublich kunstvolles weißes Schloss. Doch es wurde nicht gebaut, um darin zu wohnen. Es ist ein Grabmal — das womöglich luxuriöseste der Welt.

Trauer um Mumtaz

Das Taj Mahal steht in der Nähe von Agra, Indien, und wurde von Großmogul Sha Jahan für seine Frau Mumtaz Mahal errichtet. Als sie 1631 starb, war Sha Jahan am Boden zerstört und wollte das schönste Monument in Gedenken an sie erbauen. Mumtaz Mahal wurde in dem Gebäude nach seiner Fertigstellung beigesetzt, Sha Jahan gesellte sich zu ihr, als er 1666 starb.

Das Taj Mahal besteht aus weißem Marmor.

Werk der Liebe

Das Taj Mahal mit seinen Gärten und allen Gebäuden entstand in etwas über 20 Jahren. An seiner Errichtung waren 20 000 Bauarbeiter beteiligt.

Über Nacht ergraut

Es heißt, als Mumtaz starb, habe Sha Jahans großer Kummer sein schwarzes Haar über Nacht weiß werden lassen.

Pariser Katakomben

Katakomben sind unterirdische Tunnel und Kammern, die von Menschen gegraben wurden. Sie können als Unterschlupf dienen, für religiöse Zeremonien und als Grabstätte für die Toten. Unter Paris liegt ein ganzes Netz aus Katakomben. Ein Teil davon diente als Beinhaus für menschliche Skelette.

Zu viele Knochen!

In der Vergangenheit hatte Paris ein Problem mit überfüllten Friedhöfen. Leichen wurden in Massengräbern bestattet und mit Erde bedeckt. Nach einiger Zeit der Verwesung wurden die Skelette eingesammelt. Doch wohin mit den Knochen? Im späten 17. Jh. entschieden die Behörden, ein paar der alten unterirdischen Steinbrüche im Süden der Stadt als Beinhaus zu nutzen.

Bilder und Muster

Die Knochen wurden überall entlang der Wände der Tunnel und Kammern in den Katakomben aufgeschichtet. Sie wurden nach den verschiedenen Körperteilen sortiert und aufgehäuft, damit sie weniger Platz einnahmen. Die Menschen, die diese Arbeit machten, ordneten die Knochen oft in Mustern, Formen und Symbolen an.

Faszinationsgrad

Diese Knochen-Unterwelt scheint wie aus einem gruseligen Videospiel

Kapuzinergruft in Palermo

Die Katakomben von Palermo, Italien, sind womöglich noch gruseliger als die in Paris: Ganze Körper starren auf einen herab. Es sind auch keine Skelette — sondern größtenteils auf unheimliche Weise konservierte Mumien, mit Haut, Fleisch und Haaren. Kreisch!

Mumifizierter Mönch

Alles begann 1599, als ein Mönch dort begraben wurde. Weil das Kloster vor Ort keinen Platz mehr auf dem Friedhof hatte, beschloss man, ihn in dem Gewölbe unter der Kirche zu beerdigen. Später entdeckte man, dass der Körper nicht verrottete. Als die Menschen von diesem Phänomen hörten, wollten viele auch dort beerdigt werden. Die Beerdigungen fanden bis 1920 statt, es gibt dort jetzt Tausende Mumien.

Wie entsteht eine Mumie?

Viele der Mumien von Palermo wurden zur besseren Konservierung vorbehandelt. Aber auch die Katakomben tragen zum Mumifizierungsprozess bei, da der Boden Tuff enthält, einen porösen Stein, der Feuchtigkeit aufsaugt. In einer sehr trockenen Umgebung verrottet nichts so leicht, das hält auch die Mumien frisch.

Eine der Mumien aus den Katakomben von Palermo

Faszinationsgrad

Das ist so gruselig, dass es einem eiskalt den Rücken runterläuft.

Berühren verboten!

Touristen können die Katakomben von Palermo besuchen, Gitter und Geländer halten sie inzwischen jedoch davon ab, den Mumien zu nahe zu treten. Früher haben die Leute die Mumien berührt oder sich neben ihnen fotografieren lassen.

Chinesische Mauer

Die Chinesische Mauer ist eine riesige, unglaublich lange Mauer, die sich auf 7200 km durch den Norden Chinas zieht. Gemessen an dem verwendeten Baumaterial, ist sie das größte Bauwerk von Menschenhand. Sie ganz zu erwandern, würde sieben Monate dauern, bei täglich acht Stunden Wanderung.

Lauter Stückchen

Die Mauer lässt sich allerdings gar nicht durchgängig von einem Ende zum anderen erwandern. Sie ist kein Bauwerk aus einem Guss, sondern setzt sich aus vielen verschiedenen Abschnitten zusammen, die zu unterschiedlichen Zeiten entstanden sind. Die Ausschnitte, die du von Fotos kennst, liegen nahe Peking, Chinas Hauptstadt, wo die Mauer besonders breit ist.

Draußen bleiben!

Schon vor 2600 Jahren haben die Menschen in dieser Gegend Mauern errichtet. 214 v. Chr. ließ der chinesische Kaiser Quin Shihuangdi weitere errichten und andere verbinden, um Feinde abzuwehren. Die meisten dieser Abschnitte stehen nicht mehr. Die heutige Mauer entstand im 14./15. Jh. zum Schutz vor mongolischen Eroberern.

Schon gewusst?

Die Mauer ist schwer beeindruckend, aber glaube niemandem, der erzählt, man könne sie vom All aus sehen. Diese Legende gab es schon, bevor Menschen im Weltraum waren.

Faszinationsgrad

Eines der faszinierendsten und berühmtesten Bauwerke der Welt!

Mount Rushmore

Eine Seite des Mount Rushmore im US-Staat South Dakota überrascht mit einem beeindruckenden Anblick — vier riesige, in den grauen Granit gemeißelte Gesichter blicken in die Landschaft.

Wessen Gesichter?

Diese beeindruckende Skulptur ist eine Gedenkstätte. Sie zeigt die Gesichter von vier großen amerikanischen Präsidenten — George Washington, Thomas Jefferson, Theodore Roosevelt und Abraham Lincoln. Jedes der Gesichter ist gigantische 18 m hoch.

Wer hat sie gemacht?

Der Bildhauer Gutzon Borglum wurde gebeten, die Entwürfe zu machen und das Projekt zu leiten. Er begann die Arbeit 1927 mit einem Team aus 400 Arbeitern. Anfangs lief es nicht so glatt — der erste gemeißelte Kopf von Jefferson musste gesprengt werden, da der Fels sich nicht gut bearbeiten ließ. Obwohl an einer Klippe mit schwerem Gerät und Dynamit gearbeitet wurde, kam niemand zu Tode, aber ein paar Mitarbeiter wurden verletzt. Das Monument wurde 1941 für vollendet erklärt.

Faszinationsgrad

Diesen Anblick gibt es kein zweites Mal auf der Welt — fast drei Millionen Menschen gönnen ihn sich jedes Jahr.

Ursprünglich sollte viel mehr von den Körpern der Präsidenten zu sehen sein.

Burdsch Chalifa

Den Titel »Höchstes Gebäude der Welt« kann niemand lange für sich verbuchen — immer neue Wolkenkratzer entstehen und reklamieren den Rekord für sich. Der 2010 errichtete Burdsch Chalifa in Dubai könnte seine Mitbewerber allerdings eine Zeit lang abhängen: Mit 828 m Höhe überragt er vorherige Rekordhalter um mehr als 300 m.

Die Ausschachtungsarbeiten für den Burdsch begannen 2004. Er ist auch der höchste frei stehende Bau der Welt.

Faszinationsgrad

Der Burdsch ist das bei Weitem höchst Gebäude der Welt und ein sensationelle Anblick.

Gebaut wofür?

Der Burdsch Chalifa ist nicht nur ein faszinierendes Wahrzeichen und ein Rekordbrecher, er beherbergt auch Apartments, ein Luxushotel und Büros. Dubais Stadtväter ließen ihn unter anderem bauen, um ihre Stadt bekannter zu machen und publikumswirksam Touristen anzulocken. Das hat geklappt!

Dreiecksturm

Der Burdsch (deutsch »Turm«) hat eine ungewöhnliche Form, die wie eine Weltraum-Nadel in den Himmel ragt. Auf einem y-förmigen Grundriss erheben sich drei Gebäudesäulen, die sich nach oben verjüngen. Das schenkt dem Turm Stabilität und vielen der Räume Fenster. Der Turm besitzt beeindruckende 162 Etagen.

Juhu! Lass uns springen!

Am 4. Januar 2010 wurde der Turm eröffnet und nur einen Tag später brachen zwei BASE-JUMPER den Weltrekord für einen Fallschirmsprung von einem Gebäude. Sie sprangen aus dem 160. Stockwerk, 672 m tief. Beide sind wohlbehalten gelandet.

Palm Islands

Palm Jumeirah, die erste Insel — die anderen beiden werden noch größer sein.

Schon seit Jahrhunderten trotzen Menschen dem Meer Land ab, indem sie Steine und Sand aufschütten. Die Stadt Dubai im Nahen Osten baut drei beeindruckende Inseln in den Persischen Golf, die alle die Form einer Palme haben.

Nicht genug Strand!

Viele Leute in Dubai wünschten sich ein Haus am Strand, aber es stand nicht genügend Strand für alle zur Verfügung. Das führte zur Idee für die Inseln. Architekten erkannten, dass die Form einer Palme mit vielen Blättern sehr viel Strand erschafft, auf dem Strandhäuser, Hotels und Geschäfte gebaut werden könnten. Sie planten drei Inseln, jede von einem großen Schutzwall gegen das Meer umgeben.

Erste Schritte

Die Arbeiten für die erste Insel Palm Jumeirah begannen 2001 und sie ist nahezu vollendet. Die meisten Gebäude stehen mittlerweile und viele Leute sind in ihre Häuser eingezogen. Zwei weitere Inseln, Palm Jebel Ali und Palm Deira, sind noch im Bau.

Das Paradies?

Auf der ersten Insel stehen Luxushäuser und -hotels, teure Läden und Bäder und das Wetter ist superschön. Aber es ist nicht vollkommen — einige Bewohner klagen, ihre Häuser stünden zu eng zusammen und das Meer zwischen den Palmblättern wäre viel zu ruhig.

Faszinationsgrad

Es ist beeindruckend, eine Insel aus dem Nichts entstehen zu sehen — vor allem wenn sich zugleich ein Bild ergibt.

Akashi-Kaikyo-Brücke

Der beeindruckendste Brücken-rekord ist der der größten Spann-weite — die Entfernung, die eine Brücke überspannt, ohne auf Wasser oder Land gestützt zu sein. Die Auszeichnung geht an die Akashi-Kaikyo-Brücke, die zwei japani-sche Inseln verbindet.

Im Raum schweben

Hängebrücken besitzen die längste Spannweite von allen Brücken. Die meisten Hängebrücken haben zwei Pfeiler mit Tragseilen dazwischen. An jedem Ende sind die Tragseile im Boden verankert. Zwischen den Pfeilern stützen sie die Hauptspannweite der Brücke.

Schon gewusst?

Bevor die Brücke erbaut wurde, musste man per Fähre über die Akashi-Meerenge setzen. Bei schlechtem Wetter war das oft schwierig. Die Brücke macht für Tausende Autofahrer täglich das Überqueren der Wasserstraße sicherer.

Faszinierende Akashi

Die Akashi-Kaikyo-Brücke hat eine Mittelspannweite von 1991 m und führt über die Meerenge von Akashi, die von großen Schiffen befahren wird. Damit sie leicht unter der Brücke durchkommen, war eine breite, hohe Mittelspannweite wichtig. Die Errichtung der Akashi dauerte zehn Jahre. Der Stahldraht in ihren Tragseilen reicht aus, um die Erde siebenmal zu umwickeln.

Die Akashi-Kaikyo-Brücke ist anderthalb-mal länger als die Golden Gate Bridge.

Drei-Schluch-ten-Damm

Chinas gigantischer Drei-Schluchten-Damm im Jangtsekiang ist das wohl umstrittenste Bauwerk aller Zeiten. Aber es ist nicht nur dafür berühmt.

Rekordmeister

Dieser Damm ist ein Monster — mit einer der weltweit größten Staumauern. Seit seiner Inbetriebnahme 2009 ist der Damm das größte Wasserkraftwerk der Welt. Seine Turbinen erzeugen genug Strom, um eine große Stadt zu versorgen.

Gut oder schlecht?

Der Damm erzeugt elektrische Energie und hilft, die Hochwasser des Jangtsekiang zu regulieren,

die schon Tausende Menschen getötet haben. Dafür überflutete der entstandene Stausee den früheren Lebensraum von Menschen und Tieren hinter der Staumauer, überschwemmte Äcker und antike Ruinen.

Faszinationsgrad

Dieser Damm zählt zu den beeindruckendsten Megabauten der Welt, ob man ihn mag oder nicht!

Hochwasser wird vom Drei-Schluchten-Damm abgeleitet und kontrolliert.

Transrapid Schanghai

Solltest du nach Schanghai, China, kommen, gönne dir einen »Flug« im schnellsten Transrapid-Zug der Welt. Man spricht von »Flug«, weil dieser Zug eine Magnetschwebebahn ist, also den Boden nicht berührt.

Flughafenzubringer

Dieser superschnelle Zug fährt keine große Strecke. Er verbindet die Vororte von Schanghai mit dem Flughafen, wobei er etwa 30 km fährt. Die Höchstgeschwindigkeit beträgt dabei um die 430 km/h, obwohl der Zug in Testläufen auf 501 km/h kam.

In der Luft schweben

Magnetschwebebahnen sind faszinierend. Die Anziehung und Abstoßung kraftvoller Elektromagnete lassen sie etwas über den Gleisen schweben oder gleiten. Weitere Magnetsysteme sorgen für ihren Antrieb und das Abbremsen. Transrapid-Züge erreichen hohe Geschwindigkeiten, da die Reibung zwischen Zug und Gleisen entfällt.

Zweiter Platz

Der Transrapid Schanghai ist nicht der schnellste Zug aller Zeiten — diesen Rekord hält seit 2003 der japanische Hochgeschwindigkeitszug JR-Maglev mit 581 km/h. Er wurde allerdings auf einer Teststrecke mit einem leicht abgewandelten Zug ohne Passagiere aufgestellt. Deshalb ist der Transrapid Schanghai der schnellste Passagierzug der Welt.

Der Transrapid Schanghai verlässt den Flughafen der Stadt.

Faszinationsgrad

In diesem Zug dahinzurasen, fühlt sich wirklich an wie Fliegen.

Transsibirische Eisenbahn

Mit der Transsibirischen Eisenbahn rast du keineswegs mit Hunderten von Stundenkilometern dahin. Dafür machst du eine sehr weite Zugreise — auf der längsten Eisenbahnstrecke der Welt.

Wo fährt sie?

Die Strecke der Transsibirischen Eisenbahn verläuft quer durch Russland, von der Hauptstadt Moskau bis nach Wladiwostock an Russlands Ostküste am Pazifik, gegenüber von Japan. Sie erhielt ihren Namen, weil sie Sibirien in Nordrussland durchquert, doch tatsächlich durchfährt sie auch einen großen Teil Asiens. Die Strecke ist 9198 km lang und eine der längsten durchgängigen Eisenbahnverbindungen der Welt.

Gemütliche Reise

Viel schneller wäre die Reise mit dem Flugzeug, aber viele Touristen nehmen die Transsib, um die berühmte Route selbst zu erleben. Man braucht eine Woche und durchfährt sieben Zeitzonen! Es gibt Schlafwagen oder Sitze, die sich zu Betten ausziehen lassen. An vielen Stationen hält der Zug, damit die Reisenden aussteigen und Proviant kaufen können.

Faszinationsgrad

Wenn du Züge liebst, willst du mit der Transsibirischen Eisenbahn fahren. Ein unvergessliches Erlebnis!

Ein Gang in der Transsibirischen Eisenbahn

Ein Zug der Transsibirischen Eisenbahn auf dem Weg nach Wladiwostock

Ein Lynx-Hubschrauber feuert Leuchtsignale über einem holländischen Marineschiff ab.

Ein Lynx-Hubschrauber in der Arktis

Lynx

Würdest du in einem Kriegsgebiet festsitzen, wärst verletzt oder hinter den feindlichen Reihen gefangen, wärst du begeistert, wenn ein Lynx dich da rausholt. Er ist der schnellste und einer der zuverlässigsten Hubschrauber, seit 1971 überall auf der Welt im Einsatz, vor allem beim Militär.

Allroundtalent

Der Lynx ist beeindruckend schnell, kann flott senkrecht steigen, sicher schweben und auf kleinsten Plätzen landen. Es passen neun Passagiere (plus zwei Mann Besatzung) hinein, er wird für Transportdienste und Aufklärungsmissionen eingesetzt. Er hat sich bei Such- und Rettungseinsätzen bewährt und dient bewaffnet auch als Kampfhubschrauber.

Der Rekord

Ein Lynx hält den Geschwindigkeitsweltrekord für Helikopter. Er wurde von dem Piloten John Trevor Egginton 1986 aufgestellt. Sein leicht abgeändertes Vorführungsmodell flog etwas über 400 km/h. Viel schneller kann ein Hubschrauber auch nicht werden — seine Rotoren würden sonst auseinandergerissen.

Faszinationsgrad

Er sieht aus wie ein normaler Helikopter, es steckt aber viel mehr dahinter.

Schon gewusst?

Der Lynx ist so beliebt, dass viele Länder der Welt ihn in Großbritannien bestellt haben.

Die riesigen Triebwerke verleihen dem ThrustSSC eine unglaubliche Kraft.

ThrustSSC

Stell dir vor, dieses Teil stünde in eurer Garage! Es sieht nicht gerade wie ein Auto aus — und zum Einkaufenfahren eignet es sich auch nicht, denn das ThrustSSC (SuperSonic Car) ist das schnellste Auto auf dem Planeten: ein schubkraftgetriebenes Überschallfahrzeug.

Durch die Schallmauer

Das ThrustSSC kann Überschallgeschwindigkeit erreichen, also schneller werden als der Schall. Sein Fahrer, der britische Militärpilot Andy Green, stellte mit ihm 1997 den Rekord als schnellstes Landfahrzeug der Welt auf. Er raste mit 1228 km/h durch eine flache Wüste im US-Staat Nevada. Die Schallgeschwindigkeit liegt bei 1225 km/h.

Wie kann das funktionieren?

Das ThrustSSC wurde entwickelt und gebaut vom britischen Piloten und Flugzeugingenieur Richard Noble und seinem Team. Es wird von zwei mächtigen Strahltriebwerken angetrieben — Rolls Royce Spey, die für Flugzeuge verwendet werden. Das stromlinienförmige, bodennahe Design des Autos bricht den Luftwiderstand und hält es zugleich fest auf Kurs.

Konkurrenz für das ThrustSSC

Richard Noble arbeitet an einem weiteren Überschallfahrzeug, dem BloodhoundSSC. Er hofft, damit den Weltrekord des ThrustSSC zu brechen. Also sei gespannt!

Kingda-Ka-Achterbahn

Magst du wirklich schnelle, extrem hohe Achterbahnen? Dann wirst du die Kingda-Ka-Achterbahn im Freizeitpark Six Flags Great Adventure im US-Staat New Jersey lieben. Sie hält den beeindruckenden Rekord als schnellste und höchste Achterbahn auf diesem Planeten.

Faszinationsgrad

Besucher des Kingda Ka sagen häufig, alles ginge so schnell, dass sie sicher waren, irgendetwas hätte nicht richtig funktioniert!

Passagiere rasen die Kingda Ka nach Erklimmen des Top-Hats runter.

Kurzer, heftiger Stoß

Die Kingda Ka beschleunigt enorm und wirft dich hoch in die Luft über die Kuppe eines gigantischen »Top-Hats« — ein Achterbahnhügel mit beinahe senkrechtem Anstieg und Abfall.

Auf zur nächsten Runde!

Zunächst tuckert der Zug zu einer Anlaufstrecke, auf der er von null auf 206 km/h in vier Sekunden beschleunigt. Die g-Kraft presst deinen Kopf in die Kopfstützen und plättet dein Gesicht. Dann rast du mit Höchstgeschwindigkeit auf den 139 m hohen Top-Hat, bevor es rasant und fast senkrecht bergab geht. Dann fährst du über einen kleineren Hügel, wo die Schwerkraft kurz aussetzt, bevor der Zug dann anhält.

Warum »Kingda Ka«?

Viele Leute fragen sich, ob der Name »Kingda Ka« eine Bedeutung hat, aber er scheint frei erfunden zu sein. Ein Tiger im selben Freizeitpark heißt ebenso.

Spirit of Australia

Das schnellste Boot der Welt hält man für ein auffälliges, modernes Modell, vollgestopft mit neuester Technologie. Doch die »Spirit of Australia« wurde in den 1970er-Jahren gebaut und hält den Geschwindigkeitsweltrekord seit 1978.

Marke Eigenbau

Der australische Rennboot-Enthusiast Ken Warby entwarf und baute die »Spirit of Australia« in seinem eigenen Garten. Er verwendete Fiberglas, Balsaholz und einen Westinghouse-J34-Düsenantrieb, der normalerweise für Düsenflieger genutzt wird. Obwohl selbst gebaut, wirkt das Boot futuristisch und wie ein Düsenjet ohne Flügel.

Geschwindigkeitsrausch

Nach mehreren erfolglosen Versuchen brach Warby den Geschwindigkeitsweltrekord auf dem Wasser am 22. November 1977, als er mit der »Spirit of Australia« 464 km/h erreichte und damit so schnell wie einige Flugzeuge war. Im Jahr darauf war er 511 km/h schnell, ein Rekord, der bis heute Bestand hat.

Die »Spirit of Australia«, das schnellste Boot der Welt, bei einer Ausstellung

Faszinationsgrad

😃 😃 😃 😃 😃

Der Rekord, den dieses Boot aufgestellt hat, ist ungeheuerlich, zumal es Marke Eigenbau ist.

Ken Warby in seinem Rekordboot — der »Spirit of Australia«

Knock-Nevis-Tanke

Tanker sind Schiffe, die Öl rund um die Welt transportieren. Da wir VIEL Öl für unsere Autos, Flugzeuge und Kraftwerke brauchen, wurden die Tanker mit der Zeit immer größer. Die größten von ihnen werden Supertanker genannt und der allergrößte war die »Knock Nevis«.

Meeresgigant

Die »Knock Nevis« wurde leider ausgemustert, da sie sich mit der Zeit abgenutzt hatte und nicht mehr seetauglich war. Aber mit ihrer Länge von 458 m bleibt sie das längste je gebaute Schiff. Von einem Ende zum anderen zu gehen, würde sieben Minuten dauern. Auf dem gigantischen Deck hätten 25 olympiagroße Schwimmbecken Platz gefunden.

Namenswechsel

Die »Knock Nevis« trug viele verschiedene Namen während ihres Einsatzes, die immer wechselten, wenn sie in neue Hände kam. Sie begann ihr Leben als »Seawise Giant«, wurde dann zur »Happy Giant«, zur »Jahre Viking« und schließlich zur »Knock Nevis«. Auf dem Weg zu seinem Abbruch erhielt das Schiff seinen letzten Namen: »Mont«.

Faszinationsgrad

😄 😄 😄 😄

TUUUUUUT! Du wirst es merken, wenn dieses Monster vorbeirauscht.

Die mächtige »Knock Nevis« pflügt durchs Wasser.

Schon gewusst?
Die »Knock Nevis« war so groß und schwer, dass sie voll beladen weder durch den Ärmelkanal noch durch andere gigantische Schifffahrtskanäle hätte fahren können. Sie wäre am Boden entlanggeschrammt und stecken geblieben.

Kreuz-fahrt-schiff »Oasis«

Klettersport ist nur eine der vielen Aktivitäten auf Kreuzfahrtschiffen wie diesem.

Wie wäre eine Fahrt auf einem gigantischen Kreuzfahrtschiff wie der »Oasis«? Diese Schiffe, die größten Passagierschiffe der Welt, sehen aus wie schwimmende riesige Apartmenthäuser.

»Oasis of the Seas«

Es gibt zwei »Oasis«-Kreuzfahrtschiffe — das erste, das fertiggestellt wurde, war die »Oasis of the Seas«. Es ragt 72 m über die Wasserlinie und hat 16 Decks. Es bietet Platz für 6000 Passagiere und eine 2000 Mann starke Besatzung, die nach den Gästen sieht und das Schiff steuert.

Dieses gigantische Kreuzfahrtschiff bietet einfach alles, was man sich wünschen kann.

Fantastische Attraktionen

Kreuzfahrtschiffe nehmen ihre Passagiere mit auf luxuriöse Fernreisen — sie machen halt an exotischen Orten und bieten Unterhaltung an Bord. Die »Oasis of the Seas« bietet Theater, Nachtklubs, Swimmingpools, Fitnessstudios, Freizeitparks, einen Golfplatz, Kletterwände, eine Eislaufbahn und sogar einen Park mit Bäumen und tropischen Pflanzen, an dem Geschäfte liegen.

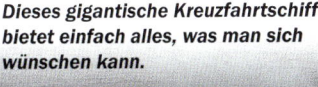

Schon gewusst?

Ein so großes Kreuzfahrtschiff braucht ein Krankenhaus, eine Wasseraufbereitungsanlage und ein Sicherheitsteam.

Blackbird

Diese futuristische Maschine scheint aus einem Science-Fiction-Film zu stammen. Doch die Lockheed SR-71 Blackbird ist real und eines der bekanntesten Kampfflugzeuge der Welt. Es hält den Geschwindigkeitsrekord für den schnellsten bemannten Düsenflieger.

NNNEEEEOOOWWW!

Wie schnell ist es? Schneller als eine Gewehrkugel und die Erdrotation! In der Blackbird kannst du von Ost nach West um die Welt fliegen und dabei der Sonne voraus sein. Im Juli 1976 stellte eine Blackbird (insgesamt wurden 32 hergestellt) einen Geschwindigkeitsrekord von 3529 km/h auf, der nie von einem anderen Flugzeug ihrer Klasse gebrochen wurde. Ein Flugzeug mit »luftatmendem« Triebwerk saugt Luft ein, anders als ein Flieger mit Raketentriebwerk, der noch schneller ist.

Aufklärungsflugzeug

Die USA nutzten die Blackbird als Aufklärungsflugzeug, um Feinde auszuspähen und dann schnell zu verschwinden. Aufgrund ihrer dunklen Farbe und der fließenden Konturen war die Blackbird vom Radar kaum zu erfassen. Sie war 1964 bis 1995 im Einsatz und wurde dann ausgemustert. Einige der Maschinen werden noch für Tests genutzt, andere stehen in Museen.

Faszinationsgrad

Dies ist das absolut faszinierendste Flugzeug der Welt und ein Geschwindigkeitsrekordhalter.

Schon gewusst?

Die SR-71 ist als Blackbird (deutsch: Amsel) bekannt, das ist aber nicht ihr offizieller, sondern ein Spitzname.

Die dunkle Farbe der Blackbird lässt sie mit dem Nachthimmel verschmelzen.

Antonov An-225

Dieses fabelhafte Flugzeug ist nicht besonders schnell — aber unglaublich groß. Die von Russen gebaute Antonov An-225 »Mrija« ist das größte Starrflügelflugzeug der Welt.

Ein beeindruckender Anblick: die Antonov am Himmel.

Sonderzustellung!

In diesem beeindruckenden Flugzeug haben Hunderte Menschen Platz, aber es diente hauptsächlich als Frachtflugzeug. Es wurde entworfen, um die in den 1980er-Jahren in Russland entwickelte Raumfähre Buran zu transportieren, doch das Luftfahrtprogramm wurde gestoppt. Die Antonov kann nun gechartert werden, um riesige Frachten zu transportieren — Teile von Raum- oder Luftfahrzeugen, Züge oder gigantische Baumaschinen. Sie bringt auch Erste-Hilfe-Güter in Katastrophengebiete.

Wichtige Eckdaten

Also, wie groß ist sie? Die Antonov ist 84 m lang und besitzt eine Flügelspannweite von 88 m. Sie hat sechs leistungsstarke Strahltriebwerke und 32 Fahrwerksräder. Ist die Ladung zu groß für den Frachtraum, kann sie huckepack genommen werden — so wurde die Raumfähre Buran transportiert.

Die Antonov bringt die Raumfähre nach Kiew in der Ukraine.

Schon gewusst?

Von den meisten berühmten Flugzeugen wurden ganze Flotten gebaut — aber es gibt nur eine Antonov An-225. Ihr Name »Mrija« bedeutet »Traum«. Der Bau einer zweiten Maschine wurde begonnen, aber nie vollendet.

Airbus A380

Da immer mehr Leute in alle Welt fliegen wollen, werden auch Passagierflugzeuge immer größer. Seit 2007 ist der Airbus A380, auch »Superjumbo« genannt, die weltweit größte Passagiermaschine.

Der Airbus A380 am Himmel

Der Bus der Lüfte

Wenn du je eine Boeing 747 gesehen hast oder in ihr geflogen bist, wird dir der Unterschied zum Airbus A380 ins Auge fallen. Eine 747 ist groß, hat aber nur vorne ein Oberdeck. Der A380 besitzt ein durchgängiges Ober- und Unterdeck, wie ein Doppeldecker-Bus. Hat er nur Economy-Plätze, passen 800 Menschen in den Airbus. Die meisten Flüge, die größere First-Class- und Business-Class-Plätze bereithalten, transportieren 500–600 Reisende.

Luxusleben

Das Mehr an Platz in einem A380 gestalten einige Fluglinien besonders angenehm und glamourös. In einigen der teuersten und luxuriösesten Bereiche sind in manchen A380-Fliegern Zweibettzimmer, Duschen, eine gut ausgestattete Bar und ein Fitnessraum zu finden.

Faszinationsgrad

Bald wird es für uns normal sein, diese Superjumbos fliegen zu sehen oder in ihnen mitzufliegen.

Der A380 ist leiser als andere Flugzeuge — eine gute Nachricht, wenn du in Flughafennähe wohnst!

Raketenflugzeug

Was ist ein Raketenflugzeug? Es ist, wonach es sich anhört — ein Flugzeug mit Raketenantrieb, eine Kreuzung aus Flugzeug und Rakete. Es kann höher als normale Flugzeuge steigen und Piloten und Passagiere bis an den Rand des Weltalls tragen. Dann sinkt und landet es wie jeder andere Flieger.

In den Weltraum rasen

Ein Raketentriebwerk verbrennt Treibstoff und stößt Gase mit unglaublicher Geschwindigkeit aus. Im 20. Jh. wurden weitgehend Raketen für Reisen ins Weltall entwickelt und nebenbei Raketenflugzeuge. Das schnellste war die North American X-15, die den Weltrekord für das schnellste bemannte Flugzeug aufstellte. 1967 erreichte eine X-15, geflogen vom US-Piloten Peter Knight, die Höchstgeschwindigkeit von 7274 km/h.

Weltraumtouristen

Einige Raketenflugzeuge nehmen Touristen mit ins Weltall. Das ist zwar sehr teuer, aber günstiger, als mit einer Rakete in den Orbit zu fliegen. Das bekannteste Raketenflugzeug für Weltraumtouristen ist das SpaceShipTwo des britischen Unternehmens Virgin Group. Es kann bis zu 4000 km/h schnell werden, auf 110 km über der Erdoberfläche aufsteigen und bietet sechs Passagieren Platz.

Die X-15-Katastrophe

Auch wenn Weltraumflüge immer sicherer gemacht werden, können sie riskant sein. Einer der X-15-Piloten, Michael Adams, starb 1967. Sein Raketenflugzeug begann sich zu drehen, zu zittern und zerbrach in der Luft.

Helios-Sonden

Ein Helios-Modell von 1974

In diesem Buch werden einige ziemlich schnelle Maschinen vorgestellt — aber verglichen mit den Helios-Raumsonden sind sie nur lahme Schnecken. Zwei dieser Hightech-Sonden, Helios 1 und Helios 2, wurden 1970 in die Umlaufbahn der Sonne geschickt. Beide waren superschnell, Helios 2 aber einen Tick schneller. Sie hält den Weltrekord des schnellsten je von Menschen gebauten Objekts.

Die schnellste Maschine

Auf ihrem Weg Richtung Sonne erreichte Helios 2 eine Höchstgeschwindigkeit von 252 792 km/h, das sind 4213 km pro Minute oder 70 km pro Sekunde. Wärst du so schnell, könntest du innerhalb von neuneinhalb Minuten einmal um die Erde an deinen Ausgangspunkt zurückfliegen. Oder wärst von zu Hause aus mit einem Wimpernschlag in der Schule.

Ovale Umlaufbahn

Die Helios-Sonden erreichten solche Geschwindigkeiten, weil sie auf eine ellipsenförmige Umlaufbahn um die Sonne geschickt wurden. Die Forscher wollten die Sonne aus unterschiedlichen Entfernungen studieren, was eine elliptische Umlaufbahn ermöglicht. Darauf fliegt ein Objekt in seiner größten Entfernung langsamer, um dann, wenn es näher kommt, angezogen von der Schwerkraft, enorm zu beschleunigen. Die starke Anziehungskraft der Sonne brachte die Sonden auf Höchstgeschwindigkeit.

Schon gewusst?

Die Helios-Raumsonden sendeten bis 1978 bzw. 1986 Signale, dann brach der Kontakt ab. Aber sie sind noch dort, für eine Sonnenumrundung brauchen sie etwa 190 Tage.

In der Umlaufbahn der Erde hoch oben im All schwebt ein bemerkenswerter Ort, an dem du leben kannst: Es ist die bemannte Internationale Raumstation (ISS), auf der Astronauten die Erde, Raumfahrtwissenschaften und die Auswirkungen des Lebens im All auf unseren Körper studieren.

Spaziergang im All: Astronauten arbeiten an der Internationalen Raumstation.

Die Internationale Raumstation auf ihrer Umlaufbahn um die Erde

Bauprojekt

Die Astronauten verrichten ihre wissenschaftliche Arbeit auf der ISS, bauen die Station aber gleichzeitig immer weiter aus. Der Aufbau begann 1998, Astronauten leben seit dem Jahr 2000 dort. Heute umfasst die ISS Wohnbereiche, Labore, Lager- und Versorgungsdecks. Sie hat auch Andockstellen und eine Luftschleuse, an die Besucher-Raumschiffe anlegen und über die Astronauten zum Weltraumspaziergang aufbrechen können.

Ein Tag im All

Die Astronauten auf der Station leben in Schwerelosigkeit, alles schwebt herum. Essen und trinken müssen sie aus geschlossenen Tüten. Die Toiletten haben einen starken Sog, der alles wegsaugt. Die Mannschaft schläft in an die Wand geschnallten Schlafsäcken.

Faszinationsgrad

Diese beeindruckende Station lässt Science-Fiction-Geschichten wahr werden.

ASIMO

Viele moderne Roboter können Autos bauen, Schach spielen oder Bomben entschärfen, aber sie sind nicht menschenähnlich wie die in Science-Fiction-Filmen. ASIMO ist jedoch anders. Er ist der am weitesten entwickelte humanoide Roboter der Welt. Er kann gehen, rennen, tanzen, Treppen steigen, Tee servieren, sehen, sprechen und Befehle befolgen und er wirkt gespenstisch lebendig.

Humanoide Wesen

ASIMO ist noch in der Entwicklung. Der japanische Autokonzern Honda baut und verbessert ASIMO-Modelle seit 1980. Dank sehr viel technischem Geschick und Computer-Raffinesse lernte ASIMO, wie ein Mensch zu laufen und Dinge mithilfe eines Videokamerasystems wahrzunehmen und zu erkennen.

Roboter als Helfer

ASIMO geht auf die Science-Fiction-Idee zurück, Roboter würden uns eines Tages die Arbeit abnehmen, uns Gesellschaft leisten und sogar unsere Freunde werden. In Filmen sind Roboter so weit entwickelt, dass sie wie normale Menschen behandelt werden. ASIMO ist noch nicht so weit, aber ihn kennenzulernen, ist eine seltsame Erfahrung. Oft reagieren Menschen auf ihn, als habe er eigene Gefühle und Wünsche.

Faszinationsgrad

Es dauert noch etwas, aber ASIMO eb den Weg in eine Welt, in der Haushalt roboter eine Realität sind.

ASIMO ist laut Honda ein Akronym (eine Abkürzung) für »Advanced Step in Innovative Mobility«.

Wichtige Eckdaten

ASIMO sieht aus wie ein kleiner Hightech-Astronaut mit visierartigem Gesicht und klobigem weißem Körper. Mit 130 cm wirkt er kindlich. Er bewegt sich nicht haargenau wie ein Mensch, kann aber 8 km/h schnell rennen.

Nano-maschinen

Ein Nanometer ist eine Maßeinheit und steht für ein Milliardstel Meter oder ein Millionstel eines Millimeters. Das Wort »Nano« wird generell verwendet, um allerwinzigste Objekte zu beschreiben. Wissenschaftler beginnen, Maschinen mit Durchmessern von 1 bis 100 Nanometern zu entwickeln.

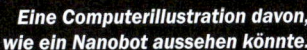

Eine Computerillustration davon, wie ein Nanobot aussehen könnte.

Winzlings-Technologie

Bisher können wir nur sehr einfache Nanomaschinen herstellen, die aus Molekülen in bestimmten Formen zusammengesetzt werden. 2005 wurde etwa ein Nanoauto entwickelt. Seine Räder bestehen aus Buckminsterfullerenen, »Buckyballs« genannt, auf denen das Auto herumrollen kann. Forscher hoffen, dass in Zukunft viele Nanomaschinen wie diese mit anderen zusammenarbeiten können oder wichtige Jobs erledigen, wie gefährlichen Abfall zu entsorgen.

Nanorobotik

Wissenschaftler hoffen, Roboter in Kleinstformat, »Nanobots«, herstellen zu können. Sie könnten in der Medizin hilfreich sein — im Körper Medikamente verteilen oder Krebszellen und gefährliche Viren auffinden und abtöten.

Faszinationsgrad

Nanotechnologie gibt uns einen Einblick in eine Zukunft im eindrucksvollen Sciene-Fiction-Stil.

Ein einer Spinne nachempfundener Nanoroboter

Nanoterror

Nanomaschinen und Nanobots scheinen nützlich zu sein, doch einige Menschen fürchten, sie könnten zum Albtraum werden. Was, wenn die mikroskopisch kleinen Maschinen beginnen, sich selbst zu vervielfältigen, und unkontrollierbar werden? Noch weiß niemand, ob so etwas möglich ist.

Large Hadron Collider

Trotz unserer hochtechnologischen Erfindungen gibt es unbeantwortete Fragen. Eine davon dreht sich um die Materie — den Stoff, aus dem alles besteht. Deine Bücher, dein Computer, sogar deine Hände – sie bestehen aus Atomen und Molekülen, aber woraus sind SIE gemacht? Wie funktioniert Materie? Wie begann sie zu existieren?

Forschungen

Seit Beginn des 20. Jh. beschäftigen sich Forscher mit Materie, um 1930 erfanden sie einen Teilchenbeschleuniger, der winzige Materieteilchen bei hoher Geschwindigkeit aufeinanderprallen lässt. Dabei zerfallen sie und verändern sich, was wir untersuchen können. Der Large Hadron Collider (LHC; Großer Hadronen-Speicherring) ist ein neuer Teilchenbeschleuniger.

Im Kreis herum

Der LHC ist ein gigantischer, hohler Ring mit einem Durchmesser von 9 km, tief vergraben im Boden nahe Genf, Schweiz. Eine Reihe supraleitender Elektromagnete kontrolliert den Strom der Teilchen und lässt sie in der Röhre herumfliegen. Der LHC ging 2008 offiziell in Betrieb, muss aber gelegentlich für Reparaturen abgeschaltet werden.

Faszinationsgrad

Diese Maschine wirkt beeindruckend und verrichtet wichtige Arbeit.

Spurmuster wie diese verraten uns, wie sich Teilchen verhalten.

Der Magnetkern des LHC

Das Ende der Welt?
Kurz vor Inbetriebnahme des LHC befürchteten einige Forscher, die Maschine würde die Erde vernichten, da Schwarze Löcher entstehen könnten. Andere Wissenschaftler halten das für unwahrscheinlich.

Mauna-Kea-Observatorium

Würdest du gerne auf der Spitze eines Vulkans auf einer Insel mitten im Pazifik arbeiten? Werde Astronom, dann ist das vielleicht möglich. Auf der Spitze des Mauna Kea, einem schlafenden Vulkan auf Hawaii, steht eines der beeindruckendsten Observatorien, eine Sternwarte, der Welt.

Warum hier?
Der Gipfel des Mauna Kea misst 4205 m und ist der höchste Punkt auf Hawaiis Hauptinsel. Damit ist er niedriger als Giganten wie der Mount Everest, aber trotzdem ein massiver Berg mit einer Spitze, die über den meisten Wolken liegt, die sich dort zusammenballen. Weit entfernt von jeder Großstadt, ist die Luft dort klar und der Himmel sehr dunkel. Die Nähe zum Äquator erlaubt einen guten Blick auf den gesamten Himmel — wahrscheinlich einer der besten Plätze weltweit, um ein Teleskop aufzustellen.

Massenhaft Teleskope
Überall auf und um den Gipfel herum stehen 13 verschiedene, eindrucksvolle Hightech-Teleskope, die verschiedenen Ländern und Organisationen aus aller Welt gehören und von ihnen betrieben werden. Am stärksten sind die beiden riesigen Teleskope im Keck-Observatorium, jedes mit einem lichtsammelnden Hauptspiegel von 10 m Durchmesser. Zusammen betrieben bilden sie eine noch genauere Sternensuchmaschine.

Faszinationsgrad

Besser ist der Blick ins Universum aus der Umlaufbahn der Erde — aber am Boden ist dies der beste Platz dafür.

Das Canada-France-Hawaii-Teleskop auf dem Mauna Kea, Hawaii

Besonders

»Igitt, ist das widerlich!«, könnte jemand sagen, der verdorbenes, stinkendes Essen in seinem Kühlschrank findet oder dich beim Nasebohren sieht. Aber wann ist eigentlich etwas eklig, widerlich und abstoßend? Im Wort »abstoßend« steckt schon drin, was eklige Dinge mit dir machen: Sie lassen dich zurückweichen und angewidert die Nase rümpfen. Ganz gleich, ob es um krabbelndes Kleingetier, unangenehme Gerüche oder Körperausscheidungen geht — in diesem Kapitel findest du alles.

Unangenehm für dich, schön für mich

Viele widerliche Dinge sind nur für einige eklig und für andere nicht. Zum Beispiel könnte jemand Blauschimmelkäse absolut unerträglich finden, aber mit Genuss eine gebratene Heuschrecke verzehren. Ein anderer findet das Essen von Heuschrecken absolut widerwärtig, liebt aber Garnelen. Eigentlich komisch, wenn man bedenkt, wie ähnlich sich Garnelen und Heuschrecken sind: Beide haben lange Fühler, hervorstehende Augen und viele Krabbelbeine.

Warnung

Dieses Kapitel berichtet z.B. von ungewöhnlichen Lebensmitteln. Versuche nicht, irgendetwas, das du hier liest, nachzumachen. In einem Restaurant, das gebratene Insekten serviert, kannst du sie natürlich probieren. Komm aber bitte nicht auf die Idee, Insekten selbst zu fangen und zuzubereiten. Sie könnten giftig sein, Keime enthalten oder unter Naturschutz stehen.

eklig

Rotz und Schleim helfen uns, gesund zu bleiben — eklig finden wir sie trotzdem.

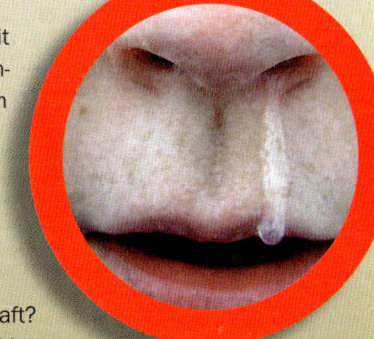

Anerzogener Ekel

Viele Dinge finden wir eklig, weil unsere Kultur mit ihren Werten und Vorstellungen es so vorgibt. Kinder lernen, dass etwas eklig ist, weil die Leute um sie herum »lih, wie fies!«, »Igittigitt!« oder »Das ist ja widerlich, lass das sofort sein!« schreien. In manchen Kulturen ist es völlig normal, Insekten zu essen, in anderen der Inbegriff von Ekligkeit.

Für alle eklig

Ist etwas also nur im Auge des Betrachters ekelhaft? Nicht immer. Zum Beispiel finden so gut wie alle Menschen auf der Welt Kot abstoßend. Er riecht so unangenehm, dass wir uns instinktiv von ihm fernhalten. Diese natürliche Reaktion schützt uns vor gesundheitsschädlichen Keimen im Kot und hält uns so gesund.

Toilettenhumor

Als du vier oder fünf warst, fandest du es wahrscheinlich unglaublich komisch, »Kacke!« zu rufen. Vielleicht ja immer noch? Möglicherweise kannst du es kaum erwarten, die allerekligsten Seiten dieses Buches aufzuschlagen und dich kaputtzulachen? Das ist ganz normal und man nennt es Toilettenhumor. In allen Kulturen gibt es Dinge, die als zu privat, zu unhöflich, zu widerlich gelten, um darüber zu sprechen. Gerade weil das verboten ist, finden vor allem Kinder sie faszinierend und lustig.

Viele wilde Tiere haben ziemlich abstoßende Gewohnheiten. Flusspferde schleudern zum Beispiel durch Drehen des Schwanzes ihren Kot durch die Gegend.

Ekelgrad

😖 .... leicht unappetitlich

😖😖 .... ziemlich abstoßend

😖😖😖 .... sehr eklig

😖😖😖😖 .... ganz besonders ekelhaft

😖😖😖😖😖 .... absolut widerlich

Eklige Pflanzen und Tiere

Von mistfressenden Käfern über fleischfressende Maden, von stinkenden Pilzen zu Pflanzen, die Mäuse verschlingen: In der Natur gibt es viele wirklich eklige Dinge. Viele davon erscheinen allerdings nur uns ekelhaft und sind, nüchtern betrachtet, einfach Spielarten von Überlebensfähigkeit — wie alles Leben auf der Erde.

Kakerlake

Du greifst in deinem Vorratsschrank nach einem Paket Nudeln — igitt! Es wimmelt nur so von Kakerlaken. Kakerlaken oder Küchenschaben sind käferartig aussehende Insekten, die wie Mäuse gern mit uns Wohnung und Essen teilen. Viele Menschen rennen vor ihnen kreischend davon. Aber müssen wir uns wirklich vor ihnen ekeln?

Krankheitsverbreiter

Tatsächlich tun Kakerlaken eklige und unangenehme Dinge. So verbreiten sie Krankheitskeime und ein starker Schabenbefall kann extrem unangenehm riechen. Das liegt an ihrem Kot und den toten Tieren. Igitt!

Schnelle Flitzer

Kakerlaken können sehr schnell laufen, das ist vielleicht ein Grund, warum viele sie so unerträglich finden. Mit bis zu 5,6 km/h flitzt die Kakerlake über deinen Boden. Wenn man berücksichtigt, wie klein sie ist, entspricht das einer Geschwindigkeit von 300 km/h für einen Menschen. Um Höchstgeschwindigkeit zu erreichen, richten sich manche Arten auf die Hinterbeine auf und laufen wie Zweibeiner.

Ekel-Faktor

Keiner liebt Kakerlaken. Aber sie belästigen dich nur, wenn du ihnen Nahrung gibst.

Tipp Um Kakerlaken fernzuhalten, verpacke alle deine Lebensmittel gut. Wische Nahrungsreste immer weg, sodass sie bei dir nichts zu fressen finden.

Kakerlaken-Fressorgie auf einem liegen gelassenen Sandwich

Schon gewusst?

Eine Kakerlake kann mehrere Wochen lang ohne Nahrung überleben.

Schmeiß-fliege

Ausgewachsene Schmeißfliegen sehen überhaupt nicht eklig aus. Sie sind im Gegenteil bemerkenswert schön mit ihren in Grün und Blau metallisch schimmernden Körpern. Ihre Brut aber — die Maden — finden wir supereklig.

Totes Fleisch

Schmeißfliegenweibchen orten tote Tiere durch deren Gestank und legen dann ihre Eier darin ab. Aus den Eiern werden kleine weiße, sich windende Maden, die ein bisschen wie Reiskörner aussehen. Sie ernähren sich vom verwesenden Fleisch und werden immer größer.

Auf dem Weg

Als Nächstes müssen sich die Maden verpuppen, um Fliegen zu werden. Dafür verlassen sie den verwesenden Körper und kriechen zum Verkapseln zu einem trockenen Platz. Wenn du also Maden über den Boden kriechen siehst, könnte das ein Hinweis auf eine tote Maus sein, die in der Wohnung liegt.

Ekel-Faktor

Maden mit ihren windenden Bewegungen sind völlig harmlos, können aber bei manchen Menschen Übelkeit hervorrufen.

Mordaufklärung

Rechtsmediziner können anhand der Größe der Maden im Körper eines Toten herausfinden, wie lange das Mordopfer schon tot ist.

Maden drängen sich dicht aneinander und bilden eklige wimmelnde Haufen.

Stubenfliege

»Mmmh!« Du kommst zur Tür herein und findest auf dem Tisch ein leckeres kleines Törtchen vor. Kannst du es essen? Warum nicht? Wenn es bei warmem Wetter unabgedeckt dort stand, könnte vor dir eine eklige Stubenfliege vorbei-gekommen sein und probiert haben. Was das heißt, liest du hier ...

Fliegen-Mahlzeit

Mit ihren schwammähnlichen Mündern können Stubenfliegen nur flüssige Nahrung zu sich nehmen. Also spuckt und erbricht die Fliege erst einmal auf dein Törtchen, um die Nahrung aufzuweichen. Wenn das geschafft ist, saugt sie so viel davon auf, wie es geht, und hinterlässt natürlich Spucke und Erbrochenes. Außerdem kackt sie beim Essen pausenlos auf dein Törtchen.

Schmutziger Nachwuchs

Wie bei Schmeißfliegen schlüpfen aus den Stubenfliegeneiern Maden. Die Eier werden in Müll oder Tierkot abgelegt, von dem sich die Maden dann ernähren.

Krankheiten

Fliegen sammeln beim Herumbrummen alle möglichen Keime und Parasiten auf, so zum Beispiel giftige, lebensgefährliche Bakterien von rohem Fleisch oder Eier der Dasselfliege. Die verteilen sie, wo immer sie landen, und können so scheußliche Krankheiten verbreiten.

Tipp Bewahre deine Lebensmittel vor allem bei warmem Wetter gut eingepackt, abgedeckt oder im Kühlschrank auf. So hältst du Fliegenausscheidungen und Keime fern.

Hier freuen sich Fliegen über ein unabgedecktes Stück rohes Fleisch.

Ekel-Faktor

Nur wenige Lebewesen verderben Essen so gründlich wie Stubenfliegen.

Dassel-fliege

Ekel-Faktor

Bei lebendigem Leib von einer Dasselfliegenmade angefressen zu werden, hat
den höchsten Ekel-Faktor!

Du denkst, Schmeiß- und Stubenfliegenmaden sind eklig? Dann kommt es jetzt noch schlimmer. Dasselfliegenmaden leben nicht in altem, verwesendem Fleisch. Sie leben nicht in Müll und nicht im Kot. Sie leben in anderen lebenden Tieren und ernähren sich von ihnen, auch von Pferden, Kühen und Menschen. Mega-eklig!

Eier auf deiner Haut

Dasselfliegen versuchen ihre Eier auf der Haut ihres Wirtes (so nennt man das Tier, in das sie eindringen) abzulegen — direkt oder wie beim Menschen indirekt, indem sie Eier auf andere Insekten wie Stubenfliegen oder Mücken legen, die diese dann auf Menschenhaut zurücklassen.

Eingegraben

Sobald die Made aus dem Ei geschlüpft ist, beginnt sie sich mit hakenartigen Mundwerkzeugen unermüdlich unter die Haut zu graben. Sie ernährt sich von Blut und wird immer größer, bis sie schließlich wieder aus der Haut ausbricht, um sich zur erwachsenen Fliege zu häuten.

Eine Dasselfliegenmade, die aus ihrem gemütlichen Nest unter der Haut herausgezogen wurde

Wie fühlt sich das an? Die wenigsten Menschen bemerken eine Dasselfliegenmade am Anfang. Sie denken, es ist ein Mückenstich. Wenn aber die Made wächst, juckt es fürchterlich, tut weh und manchmal bewegt es sich. Auch ist ein kleines Loch in der Haut zu sehen, durch das die Made atmet.

Tausendfüßer

Tausendfüßer sind der Inbegriff von Krabbel- und Kriechtieren. Sie haben mehr Beine als jedes andere Lebewesen. Ihre Beine wogen auf und nieder, wenn sie geschickt durch Laub und Erdreich gleiten. Obwohl sie harmlos sind, finden viele Menschen ihre glänzenden, plumpen Körper mit den vielen krabbelnden Beinen absolut abstoßend — vor allem, wenn sie ein besonders großes Exemplar antreffen!

Ekel-Faktor

Wie so manches Krabbelgetier erscheinen Tausendfüßer manchem furchteinflößend, sind aber harmlos.

Köstlicher Matsch

Die meiste Zeit sind Tausendfüßer damit beschäftigt, sich durch Erdreich und verrottende Pflanzen zu wühlen und dabei zu futtern. Die meisten Arten fressen keine anderen Tiere und rollen sich bei Gefahr zu einer Kugel zusammen.

Giftspritzer

Einige Tausendfüßer wehren sich aber mit einer beißenden, brennenden Flüssigkeit oder sogar einem giftigen Gas, wenn sie sich angegriffen fühlen. Es ist stark genug, um Fressfeinde wie Vögel zu vertreiben und auf menschlicher Haut zu brennen.

Monsterfüßer

Die meisten Tausendfüßer sind nur wenige Zentimeter lang. Eine große afrikanische Art aber kann bei einer Dicke von ungefähr deinem Daumen bis über 30 cm lang werden.

Schon gewusst?

Die meisten Tausendfüßer haben nur zwischen 50 und 400 Beinen. Es wurde aber auch einer mit 750 gefunden.

Wie fühlt es sich wohl an, wenn dieser Riesentausendfüßer über deine Hand krabbelt?

Raub-wanze

Einige Raubwanzen-Arten werden nicht nur ihrem Namen gerecht, sondern sind dabei auch ziemlich widerliche Räuber: Sie injizieren anderen Insekten ein Gift, das diese von innen aufweicht, und schlürfen sie dann aus.

Ekel-Faktor

Diese Wanzen haben eine sehr unappetitliche Art, sich zu ernähren.

Auffällig gefärbte Raubwanzen auf einem Blatt im Regenwald Zentralamerikas

Tödlicher Strohhalm

Das Maul dieser Wanzen ist geformt wie ein langer, scharfer, beweglicher Strohhalm. Damit durchdringen sie den harten Panzer anderer Insekten, z. B. Käfer. Die Wanze schleicht sich an, findet manchmal sogar noch Halt am Opfer mit ihren klebrigen Füßen, und sticht ihrer Beute in den Rücken.

Verflüssigt

Als Nächstes spritzt die Wanze Verdauungsflüssigkeit ins Opfer und löst es so von innen auf. Jetzt braucht sie ihre Beute nur noch auszuschlürfen und hinterlässt eine leere Hülle. Durch diese Jagdtechnik können Wanzen Tiere fressen, die viel größer sind als sie selbst.

Wanzenkuss

Natürlich sind Raubwanzen zu klein, um Menschen fressen zu können. Einige nord- und mittelamerikanische Arten aber greifen schlafende Menschen an und saugen ihnen zum Beispiel Blut aus den Lippen. Deshalb heißen sie in Amerika »Küssende Wanzen«.

Für diesen Marienkäfer gibt es keine Hoffnung mehr: Er wird von einer Raubwanze ausgesaugt.

Tipp Bestimmte Wanzenarten in Amerika können eine ernsthafte Krankheit, die sogenannte Chagas-Krankheit (benannt nach einem Arzt), übertragen. Also: Moskitonetz nicht vergessen!

Stummel-füßer

Stummelfüßer sind bizarre, wurmartige Tiere, die in Höhlen und im Unterholz der Tropen leben. Sie sind klein, aber dank ihrer ekligen Jagd- und Fressgewohnheiten können sie es mit deutlich größeren Spinnen, Schnecken, Insekten und Würmern aufnehmen.

Samtige Kriecher

Stummelfüßer ähneln Regenwürmern. Wie diese sind sie lang und glitschig und bewegen sich windend und kriechend voran. Anders als Regenwürmer haben sie aber 86 Stummelbeine. Sie sind mit feinen Borsten und Schuppen bedeckt, die sich samtig anfühlen. Sie können klein wie ein Reiskorn sein oder bis zu 15 cm lang. Unabhängig von ihrer Größe sind sie aber alle angriffslustige Jäger.

Mahlzeit!

Stummelfüßer jagen nachts. Auf der Suche nach Beute kriechen sie herum und benutzen dabei ihre hochempfindlichen Fühler als Riechorgane. Lautlos robben sie heran. Das Beutetier merkt solange nichts, bis sein Jäger schon direkt bei ihm ist.

Flatsch!

Der Wurm spritzt jetzt aus zwei beweglichen Kopföffnungen einen Schwall weißen, klebrigen Schleim über sein Opfer, der sofort hart wird und das Opfer festhält. Nun kann der Stummelfüßer seine Beute mit scharfen Klauen und Mundwerkzeugen zerteilen. Lecker!

Ekel-Faktor

Diesen Wurm willst du nachts nicht treffen.

Der verspritzte klebrige Schleim wird die Beute umschließen.

Autsch – zu hell! Stummelfüßer ertragen kein helles Licht. Wenn du eine Taschenlampe auf einen richtest, flüchtet er sofort in eine dunkle Spalte.

Kotbedeckter Käfer

Verschiedene Käferarten legen ein Verhalten an den Tag, das beim Menschen als absolut widerlich gelten würde: Sie schützen ihre Jungen mit einer dicken Schicht Kot vor Fressfeinden.

Stinkende Eier

Die Käferbabys bekommen ihre erste Schicht Kot, wenn sie noch gar nicht geschlüpft sind: Die Mutter bedeckt ihre Eier nach der Ablage sofort gründlich mit ihrem Kot. Der wird fest und schützt die Eier wie eine Muschelschale.

Funktioniert das?

Forscher haben getestet, ob die Kotdecke tatsächlich Fressfeinde abhält. Es ist so! Weder Hühner noch jagende Ameisen haben die kotbedeckten Käferlarven gefressen.

Kotpanzer

Wenn eine Larve schlüpft, übernimmt sie den Kothaufen von ihrem Ei und vervollständigt ihn durch ihre eigenen Exkremente — je nach Art in Form von Klecksen oder klebrigen Koträngen. So formt sich ein Kotpanzer, den die Forscher auch Fäkalschild nennen.

Dieses kleine Kothäufchen ist in Wirklichkeit eine Schildkäfer-Larve.

Ekel-Faktor

Auch wenn es eklig klingt: So ein Kotpanzer ist nicht das Schlechteste und stinkt nicht wie Hundekacke.

Vogel-spinne

Viele Menschen fürchten und hassen Spinnen und finden sie eklig – Wissenschaftler wissen nicht wirklich, warum. Für diese Menschen jedenfalls sind Vogelspinnen als dickste, haarigste, größte Spinnen die schlimmsten.

Sind sie Monster?

Obwohl sie erschreckend aussehen, sind Vogelspinnen nicht die gefährlichsten Spinnen. Ihre Bisse sind zwar unangenehm — etwa wie Bienenstiche —, aber sie sind keine Killer. Mit ihren Opfern gehen sie allerdings abscheulich um: Mit scharfen Zähnen beißen und vergiften sie ihre Beute, um sie dann mit einer Substanz zu beträufeln, die ihren Körper verflüssigt. So können sie ihr Beutetier aufsaugen. Die Reste rollen sie zu einem kleinen Ball zusammen.

Eine Vogelspinne frisst eine Heuschrecke.

Ekel-Faktor

Manche Menschen ekeln sich vor ihnen, weil sie haarig-gruselig sind, andere halten sie als Haustiere.

Schrecklich haarig

Anhand des Vibrierens ihrer Haare kann die Vogelspinne andere Tiere orten. Viele Vogelspinnen haben auch spezielle Haare zur Abwehr von Fressfeinden, die sie manchmal sogar auf diese abwerfen. Solche Haare können kleine Tiere sogar töten. Bei Menschen verursachen sie einen unange- nehmen Hautausschlag. Gefährlich sind die Haare nur, wenn du sie einatmest oder ins Auge bekommst.

Schon gewusst?

Die weltgrößte Spinne ist eine Vogelspinnen-Art: Die Goliath-Spinne hat eine Beinspannweite von bis zu 30 cm. Sie frisst kleine Vögel, Echsen, Frösche und Mäuse.

Tarantulafalke

Schlimmer als jede Vogelspinne ist der Tarantulafalke, eine Wegwespen-Art. Das Weibchen jagt Vogelspinnen und betäubt sie mit einem starken Gift. Es frisst sie aber nicht, sondern vergräbt die lebende Spinne und legt seine Eier darauf, um einen Frischfleischvorrat für die Jungen zu haben.

Lebend aufgefressen

Wenn die Wespenlarven schlüpfen, saugen sie zunächst Körperflüssigkeit aus der gelähmten Spinne. Später graben sie sich in den Spinnenkörper und fressen sie bei lebendigem Leib. Die Organe sparen sie bis zum Schluss auf, damit die Spinne so lang wie möglich lebt.

Andere Kost

Ausgewachsene Tarantulafalken fressen kein Fleisch, sondern Nektar und verfaulende Früchte, die manchmal Alkohol enthalten und sie betrunken und flugunfähig machen.

Hier nähert sich ein Tarantulafalke seinem weitaus größeren Opfer, einer ausgewachsenen Vogelspinne.

Größe und Stärke

Tarantulafalken sind riesig: bis zu 5 cm lang. Dennoch sind sie kleiner als ihre Opfer. Sie nehmen es mit Vogelspinnen auf, die viel größer sind als sie selbst.

Ekel-Faktor

Sich durch eine lebende Spinne zu fressen, ist ziemlich eklig.

Tipp Halte Abstand von den riesigen Tarantulafalken. Ihre Stiche sind äußerst schmerzhaft.

Das ist kein außerirdischer Kampfroboter, sondern ein Tarantulafalke.

Bombardierkäfer

Leg dich nicht mit diesem kleinen Käfer an. Wenn er sich bedroht fühlt, richtet er seinen Hinterleib auf dich und bläst eine übel riechende, ätzende und heiße Mischung aus Flüssigkeit und Gas in deine Richtung, die deine Haut verletzen kann.

Wie macht er das?

Im Körper des Käfers befinden sich zwei getrennte Kammern mit verschiedenen Chemikalien. Wenn Gefahr droht, spritzt er diese Chemikalien in eine dritte Kammer, wo sie miteinander reagieren und ein heißes Gas erzeugen, das mit Druck aus dem Hinterleib herausgeschleudert wird.

Ekel-Faktor

So ein Käfer-Gasstrahl sieht eher lustig aus als ekelhaft.

Wer fürchtet das Gas?

Für Menschen sind Bombardierkäfer nicht wirklich gefährlich, auch wenn deine Haut durch eine Attacke Blasen bekommen kann. Ernsthaft verletzen oder sogar töten kann das Gas kleine Fressfeinde der Käfer, wie Spinnen oder Frösche.

Schon gewusst?

Der Käfer schießt nicht nur einmal, sondern 500-mal oder öfter in einem Sekundenbruchteil. Währenddessen hörst du einen Knall oder ein Zischen.

Der Käfer kann sein Hinterteil zielgenau in alle Richtungen bewegen.

Mistkäfer

Der Mistkäfer verbringt sein Leben mit der Suche nach stinkendem, pappigem Mist. Für einen Mistkäfer bietet Tierkot gleichermaßen Nahrung und einen Platz, an dem er seine Eier ablegen kann, sodass sich seine Jungen später von den verdauten Pflanzenresten im Mist ernähren können.

Guter Job!

Mistkäfer sind für den Menschen sehr nützliche Tiere. Der Mist, den sie im Erdreich verscharren, macht den Boden fruchtbarer für Feldpflanzen.

Faszinierende Fakten

 Mistkäfer versuchen sich gegenseitig die Mistkugeln zu klauen und kämpfen darum.

Mistkäfer rollen Dungkugeln immer in einer völlig geraden Linie weg von den anderen Käfern. So brauchen sie am wenigsten Energie dafür. Nachts orientieren sie sich mithilfe des Mondes.

Den alten Ägyptern waren die Mistkäfer als Symbol des Sonnengottes Ra, der den Sonnenball über den Himmel rollt, heilig.

Wie das duftet!

Mistkäfer finden ihren Mist — üblicherweise von pflanzenfressenden Tieren wie Kühen — mit ihrem Geruchssinn. Oder sie warten in der Nähe von Tieren geduldig darauf, dass diese kacken.

Mistkugeln

Manche Mistkäfer leben in Kothaufen, die meisten aber formen den Mist zu Kugeln, rollen ihn weg und verbuddeln ihn. Dann legen sie Eier hinein und passen auf die Jungtiere auf, die in den Kugeln heranwachsen.

Ekel-Faktor

Wir finden Tierkot eklig. Mistkäfer helfen uns, ihn loszuwerden, indem sie ihn fressen und vergraben.

Lecker! Mistkäfer erobern einen frischen Haufen Mist.

Komodo- waran

Der Komodowaran ist die größte Echse auf Erden und kann bis zu 3 m lang werden. Er erinnert ein bisschen an einen kurzbeinigen und kleinköpfigen Dinosaurier mit einem langen, schweren Schwanz und gegabelter Zunge.

Totes Fleisch: lecker

Komodowarane ernähren sich als Aasfresser von totem Fleisch, jagen aber auch manchmal. Mit ihrer gegabelten Zunge nehmen sie ähnlich wie Schlangen Witterung auf und können verwesendes Aas auf bis zu 8 km Entfernung riechen. Finden sie z. B. eine tote Ziege, verschlingen sie diese in großen Brocken oder als Ganzes.

Ekel-Faktor

Das Fressverhalten dieser Echse ist eines der ekligsten im Tierreich. So auch ihr stinkender Atem.

Keime und Gift

Komodowarane können auch töten: Entweder infizieren sie ihr Opfer mit verheerenden Krankheitskeimen aus ihrem Maul oder sie vergiften es direkt.

Ausgewürgt

Nach der Mahlzeit würgt der Komodowaran die unverdaulichen Teile des Tieres aus: einen Klumpen aus Fell, Zähnen und Knochen.

Schon gewusst?

Um zu verhindern, dass Komodowarane Tote aus ihren Gräbern ausgraben und fressen, häufen die Menschen in den betroffenen Ländern Steine auf ihre Grabstellen.

Komodowarane leben nur auf einigen indonesischen Inseln und sind dort eine Touristenattraktion.

Krötenechse

Diese sonderbare Wüsten-Krötenechse aus Nordamerika hat eine wirklich widerliche Methode, sich gegen Fressfeinde zu wehren: Sie bespritzt sie mit einem wohlgezielten Blutstrahl aus ihrem Auge.

Gehörnt und gefährlich

Obwohl sie klein sind (zwischen 6 und 16 cm Länge), wirken die Echsen durch ihre Stacheln und Dornen und durch ihre getupfte Haut wie Mini-Drachen oder -Dinosaurier. Schon ihre Stacheln können manche Feinde abwehren. Sie können sich aufblasen, um sich größer und dorniger erscheinen zu lassen. Und dann haben sie noch eine Geheimwaffe …

Blutspritzer

Die Krötenechse kann ihr eigenes Blut über eine Distanz bis zu einem Meter spritzen, um einen Angreifer abzuschrecken. Dafür wird der Blutfluss vom Kopf zum Körper unterbrochen, sodass sich Blut sammelt und Druck aufgebaut wird. Wenn der Druck groß genug ist, platzen schwache Blutgefäße am Auge und das Blut spritzt heraus.

Was war das denn?

Der wohl widerlich schmeckende Blutstrahl kann einen Angreifer, z. B. einen Kojoten, verwirren, wenn er ihn im Auge oder Gesicht trifft.

Faszinierende Entdeckung

Der spanische Entdecker Francisco Hernandez hat die Krötenechse 1651 erstmals beschrieben: »Wenn ihr Kopf oder Auge gedrückt wird oder sie angestoßen wird, schießt sie wehrhaft Blutstropfen … bis zu einer Distanz von drei Schritten.«

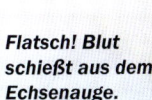

Flatsch! Blut schießt aus dem Echsenauge.

Ekel-Faktor

Ein blutiges, stachliges Monster – aber nur in Minigröße!

Aga-Kröte

Kröten gelten aufgrund ihrer vorstehenden Augen und der warzigen Haut insgesamt als ziemlich eklig. Aber die Aga-Kröte – groß, hässlich und giftig, wie sie ist — hat sich tatsächlich mancherorts zum Albtraum entwickelt. Sie wurde z. B. in Australien zur Schädlingsbekämpfung eingeführt, bis sich herausstellte, dass sie nicht nur Schädlinge, sondern auch Nutz- und Haustiere vergiftet.

Warzig

Ein alter Aberglaube besagt, dass ein Mensch, der die warzige Haut einer Kröte berührt, ebenfalls Warzen bekommt. Das ist Blödsinn! Die Erhebungen auf dem Krötenrücken sind nicht einmal Warzen, sondern Drüsen, die zum Beispiel Gift produzieren und ausstoßen, um die Kröte vor Fressfeinden zu schützen.

Tödliche Kröten

Aga-Kröten haben hinter den Augen zwei besonders große Drüsen, die bei einem Angriff eine giftige, milchig weiße Substanz absondern. Bei manchen

Tieren und auch beim Menschen treten Vergiftungserscheinungen wie Speichelfluss auf, die bis zum Tod durch Herzstillstand führen können. Eier und Kaulquappen der Agas sind ebenfalls hochgiftig.

Schon gewusst?

Manche Hunde und andere Tiere lecken an Aga-Kröten, weil sie das Gift angenehm benommen macht. Das ist ungesund und gefährlich!

Eine Aga-Kröte kann bis zu 30 cm groß werden. Diese hier verspeist gerade einen Frosch.

Tipp Wenn dein Hund oder deine Katze eine Aga-Kröte beißt, solltest du das Maul sofort mit Wasser ausspülen und dein Tier umgehend zum Tierarzt bringen.

Große Waben-kröte

Die Große Wabenkröte lebt vor-wiegend in Flüssen und Teichen Südamerikas. Ihre Art, Junge auf die Welt zu bringen, ist höchst außergewöhnlich, ein bisschen wie in einem Science-Fiction-Film.

Wie ein Blatt
Die Große Wabenkröte hat eine selt-same Körperform: Sie ist fast so flach wie ein Blatt.

Eiablage
Die weibliche Kröte legt ungefähr 100 Eier, die das Männchen nach der Eiablage sammelt und auf ihre Rückenhaut presst, wo sie kleben bleiben. Während der nächsten Stunden sinken die Eier in den Rü-cken des Weibchens und Haut wächst darüber.

Jungtiere
In kleinen Taschen unter der Haut des Weibchens schlüpfen Kaul-quappen aus den Eiern und wach-sen. Dabei wachsen die Taschen zusammen, der Rücken der Mutter schwillt an und lässt eine Waben-struktur erkennen. Nach wenigen Monaten brechen 2 cm große Jung-kröten aus den Kammern aus und schwimmen sich frei. Meist schaf-fen sie es selbst, auszuschlüpfen. Wenn sie zu schwach sind, hilft die Mutterkröte mit ihren Rückenmus-keln nach.

Auf dem Rücken dieses Weibchens wachsen die Jungen in Taschen unter ihrer Haut heran.

Ekel-Faktor

Wenn die Jungkröten durch die Haut ihrer Mutter brechen, sieht das eklig und erschreckend aus.

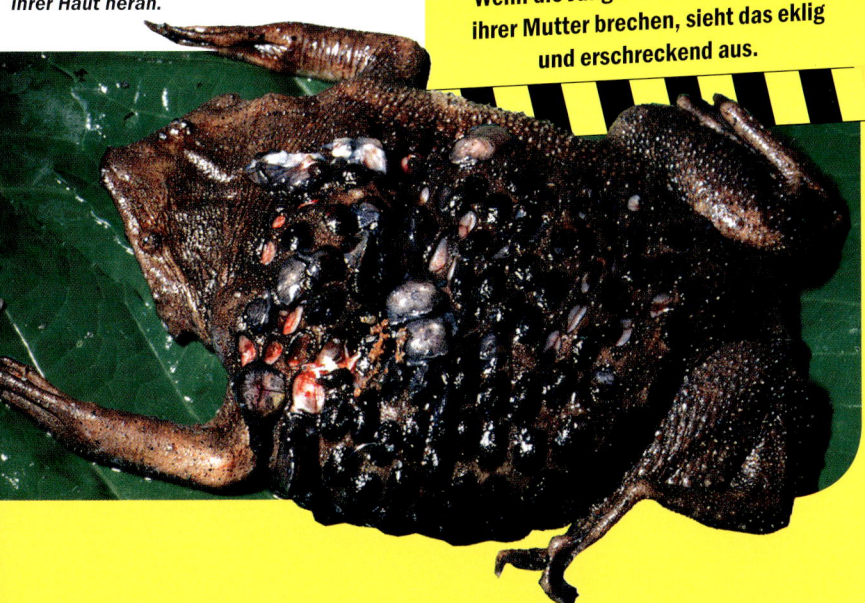

Riesen-qualle

Wie groß kann eine Riesenqualle werden? Die größten sind mit etwa 2 m die japanische Nomura-Qualle und die in nördlichen Meeren beheimatete Gelbe Haarqualle, auch Feuerqualle genannt. Die Tentakel der Letzteren können zudem unglaubliche 36 m lang werden.

Wabbelig und faserig

Viele Menschen finden Quallen schon beim Angucken eklig. Sie haben geleeartige, kuppelförmige Körper, lange Tentakel und armartige Teile, die von ihrer Unterseite rund um den Mund in der Mitte herabbaumeln. Viele Quallen können mit ihren Tentakeln giftige Stiche austeilen, aber die Riesenquallen sind nicht so giftig wie viele kleinere Arten. Sie fressen und fangen auch keine Menschen.

Quallenplagen

In den letzten Jahren haben große Schwärme von Nomura-Quallen den japanischen Fischern Probleme bereitet. Wenn sie in die Fangnetze geraten, überdecken sie die Fische mit Schleim und Quallengift, sodass diese nicht mehr gegessen werden können.

Ein Taucher befestigt eine Sonde an einer Nomura-Qualle.

Seestern

Was passiert, wenn ein Seestern einen Fisch, eine Schnecke oder eine Muschel fressen will, die eigentlich zu groß für ihn ist? Ganz einfach: Er stülpt seinen Magen um und schiebt ihn aus seiner Mundöffnung heraus. Damit kann er sein Opfer umschließen und mit Verdauungssäften bei lebendigem Leib auflösen. Dann wird die vorverdaute Beute ins Innere in einen kleineren Magen gezogen.

Mageninvasion

Sogar starke Schalen sind kein wirkungsvoller Schutz vor einem hungrigen Seestern. Einige Seestern-Arten können mit ihren starken Füßchen Muscheln aufstemmen. Dann führen sie ihren ausgestülpten Magen ins Innere der Muschel ein und verflüssigen und verdauen sie in der eigenen Schale.

Muss ich Angst haben?

Für viele Meeresbewohner ist die Jagdmethode der Seesterne gefährlich. Aber bestimmt nicht für uns Menschen! Die meisten Seesterne sind klein. Von 2 bis 50 cm reicht ihre Größe, und sie können ihre dehnbaren Mägen nur um Dinge stülpen, die sich sehr langsam bewegen. Es kann

also nicht passieren, dass deine Hand eingestülpt wird, während du schwimmst.

Neue Arme

Wenn ein Seestern einen Arm verliert, kann er nachwachsen. Sogar wenn er komplett in zwei Hälften geteilt wird, kann jede Hälfte überleben und einen neuen vollständigen Seestern bilden.

Dieser Seestern fängt gerade seine Beute: Krill.

Ekel-Faktor

Der Gedanke an einen Ausstülpmagen auf Beutezug ist echt eklig!

Schleim- aal

Dieser schlangenartige Fisch ist das schleimigste Wesen auf der Welt. Wenn er sich angegriffen fühlt, sondert seine Haut eine klebrige Substanz ab, die sich mit Meerwasser zu Mengen von glitschigem Schleim verbindet und es seinen Feinden fast unmöglich macht, ihn festzuhalten.

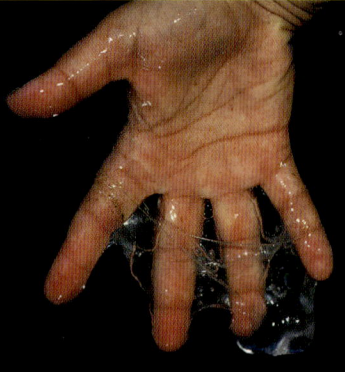

Dieser furchtlose Mensch hat seine Hand in Aal-Schleim getaucht, um zu zeigen, wie eklig und klebrig er ist.

Fleischfresser

Schleimaale, auch Inger genannt, sind Aasfresser. Sinkt ein toter Meeresbewohner wie z.B. ein Wal auf den Meeresboden, graben sich die Schleimaale fressend durch seinen Körper. Manchmal tun sie das auch bei lebendigen Meeresbewohnern. Manche großen Fische schwimmen mit Schleimaalen herum, die sich durch sie hindurchfressen.

Verknotet

Schleimaale können in ihren Körper einen Knoten machen und diesen an ihrem Leib auf und ab gleiten lassen. Das hilft ihnen, sich aus einem toten Tier oder aus dem Zugriff eines Fressfeindes zu befreien, aber auch, um ihren Körper von altem Schleim zu reinigen.

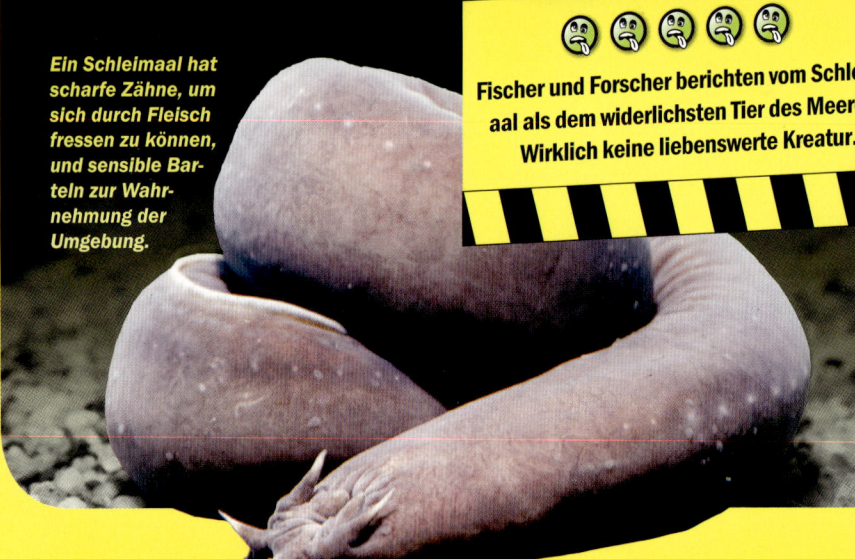

Ein Schleimaal hat scharfe Zähne, um sich durch Fleisch fressen zu können, und sensible Barteln zur Wahrnehmung der Umgebung.

Ekel-Faktor

Fischer und Forscher berichten vom Schle aal als dem widerlichsten Tier des Meere Wirklich keine liebenswerte Kreatur.

Wenn Blobfische an die Meeresober-
fläche kommen, dann nur in Schlepp-
netzen von Fischerbooten.

Blobfisch

Dieser Tiefseefisch tut wirklich
nichts Widerliches. Er sieht nur
unglaublich hässlich aus, wie eine
knubbelige, großnasige Comic-
figur.

Wackelpudding

Der Körper des Blobfischs besteht
aus einer merkwürdigen wabbeligen, geleeartigen Masse und weist
so gut wie keine Muskeln auf.

Tiefseebewohner

Der Blobfisch lebt in Wassertiefen
von um die 1000 m, weshalb er
selten zu sehen und in seiner Le-
bensweise recht unbekannt ist. In
diesen Tiefen herrscht ein enorm
hoher Wasserdruck. Andere Tiere
schwimmen mithilfe einer gasge-
füllten Tasche, Schwimmblase
genannt, weiter oben oder verhindern ihr Absinken in die Tiefe

Hühnerfisch

Der Blobfisch legt Eier in ein Nest
am Meeresboden und brütet sie
bis zum Schlüpfen – wie ein Huhn.

Ekel-Faktor

Es wäre grausam, diesen merkwür-
digen Fisch widerwärtig zu nennen.
Er sieht einfach nur komisch aus!

durch ständiges Schwimmen.
Nicht so der Blobfisch. Sein gelee-
artiger Körper erlaubt es ihm, am
Meeresboden entlangzutreiben. Er
bewegt sich nicht schnell und jagt
nicht — er frisst, was ihm vors
Maul kommt.

Stinktier

Jeder Unglückliche, der jemals von einem Stinktier besprüht wurde, wird bestätigen, dass der Geruch zu den widerwärtigsten im ganzen Tierreich gehört. Die stinkende, ölige Flüssigkeit produziert das Stinktier in zwei Drüsen am Hinterteil. Zur Verteidigung beschießt das Stinktier jeden, der es erschreckt, mit dieser übel riechenden Schmiere. Mit Erfolg: Auch größere Tiere lassen sich so vertreiben.

Wonach stinkt es denn?

Der Gestank des Stinktiersprays erinnert an eine Mischung aus faulen Eiern, verbranntem Plastik, Knoblauch und Abwasserkanal. Nicht nur der Geruch ist grässlich — dir tränen auch die Augen und du musst würgen oder dich erbrechen. Man kann nur hoffen, dass du nie eine Kostprobe nehmen musst.

Stinkgeschoss

Ein Stinktier kann dich auch aus einiger Entfernung treffen. Durch starke Muskeln um die Drüsen herum hat es eine Reichweite von bis zu 5 m. Es achtet gerissenerweise sorgfältig darauf, dass es selbst nichts abbekommt!

Unmittelbar bevor ein Stinktier einen ansprüht, stampft es oft zur Warnung mit den Pfoten oder streckt den Schwanz steil in die Luft.

Schon gewusst?

Aus Kleidung oder anderen Dingen, die von einem Stinktier besprüht wurden, lässt sich der Gestank kaum herauswaschen.

Eissturm-vogel

Ekel-Faktor

Das herausgespuckte, stinkende Öl macht das Eissturmvogel-Küken zu einem der ekligsten Vögel weltweit.

Als furchtloser Naturforscher könntest du dich eines Tages auf windumtosten Klippen wiederfinden, um Seevögel in ihren Nestern zu fotografieren. Ganz oben siehst du dich Auge in Auge mit einem flauschigen weißen Eissturmvogel-Jungen. Wie niedlich! Aber plötzlich spuckt dir das Küken seinen schleimig-öligen, orangegelben, fischigen Mageninhalt direkt in die Augen ...

Eklige Verteidigung

Eissturmvögel legen nur ein Ei und lassen das geschlüpfte Küken allein, um fischen zu gehen. Die Jungen nutzen ihre Fähigkeit, übel riechendes Hochgewürgtes auszuspucken, dazu, sich vor Angreifern zu schützen, während die Eltern weg sind.

Gefiederzerstörer

Die hochgewürgte Substanz besteht meist aus einem zähen, matschigen Öl, das sich in den Mägen von Seevögeln sammelt, nachdem sie Fisch gefressen haben. Es stinkt nicht nur, sondern verklebt auch das Gefieder von angreifenden Vögeln wie Adlern oder Raubmöwen so stark, dass sie manchmal nicht mehr fliegen können. Das kann tödlich sein.

Scharfschützen

Eissturmvogel-Jungen können ihren Mageninhalt mit 2–3 m ziemlich weit und sehr zielgenau in die Augen eines Eindringlings spucken.

Hier hat die Kamera das herausgespiene Öl im Flug aus der Kehle des Jungvogels eingefangen.

Tipp Naturforscher und Kletterer sollten Abstand zu Eissturmvogel-Jungen halten, um eine Fischöl-Dusche zu vermeiden. Eine Sonnenbrille schützt für alle Fälle die Augen.

Venusfliegenfalle

Fleischfressende Pflanzen: Das klingt irgendwie nach Science-Fiction-Filmen. Venusfliegenfallen aber sind Realität. Sie vertilgen nicht nur Insekten oder andere Tiere, sondern fangen sie mit ihren dornenbewehrten Fangblättern regelrecht ein.

Pech! Hier ist eine unvorsichtige Fliege in die Falle gegangen.

Haarige Falle

Die Fliegenfalle besteht aus jeweils zwei verbundenen Fangblättern, die wie die Klappen einer Muschel offen stehen. Innen sind die Blätter mit feinen Härchen bedeckt. Wenn ein Insekt diese Härchen berührt, schnappt die Falle zu und wird fest verschlossen. So entsteht eine Art Magen, in dem die Beute mit Verdauungsflüssigkeit aufgelöst wird.

Ich hab Hunger!

Die meisten Pflanzen fressen kein Fleisch — warum die Fliegenfallen? Sie leben in sumpfigem Gebiet in Nordamerika mit viel Wasser und bekommen aus dem Erdreich nicht alle Nährstoffe, die sie brauchen. Also holen sie sich die fehlenden Nährstoffe in Form von Fliegensnacks.

Tipp Venusfliegenfallen kannst du kaufen. Stochere aber nicht in der Pflanze herum, um die Falle zu schließen. Das tut ihr nicht gut.

Ekel-Faktor

Die Vorstellung von fleischfressenden Pflanzen ist beunruhigend. Sie fressen aber nur winzige Tiere.

Kannenpflanze

Unter den verschiedenen Arten der fleischfressenden Pflanzen sind die Kannenpflanzen die hungrigsten. Mit einer genial konstruierten Falle fangen sie ihre Opfer: Sie stürzen in ein kannenähnliches, mit Verdauungsflüssigkeit gefülltes Gefäß.

Ekel-Faktor

Eine Pflanze, die eine Ratte kleinkriegt, ist schon ziemlich eklig!

Rutschgefahr!

Anders als die Venusfliegenfalle hat die Kannenpflanze keine beweglichen Teile. Stattdessen lockt sie Insekten und andere Tiere durch süßen Nektargeruch und leuchtende Farben an. Der Kannenteil der Pflanze hat sehr glatte Kanten, von denen unvorsichtige Tiere abrutschen und ins tödliche Bad fallen. Der glitschige Rand und nach unten ausgerichtete Härchen machen einem einmal gefangenen Tier die Flucht unmöglich.

Nicht nur Fliegen

Einige Kannenpflanzen werden sehr groß und enthalten mehr als 3 Liter Flüssigkeit. Sie fangen und töten Tiere wie Frösche, große Spinnen, sogar Mäuse und Ratten.

Ein Schritt weiter, und die Fliege fällt in den tödlichen Krug.

Kannst du hineinfallen?

Nein — nur in Horrorfilmen, nicht aber in Wirklichkeit gibt es Kannenpflanzen, die groß genug sind, um Menschen zu fressen.

Algenteppich

Ein Teich ist ein schöner und anziehender Punkt in jedem Park —
bis er mit einem grünlichen, schleimig-schaumigen Algenteppich
überzogen ist. Der sieht nicht nur eklig aus, sondern nimmt auch
den anderen Pflanzen das Licht zum Wachsen. Ganz schlimm ist es,
wenn du eine Ladung davon abbekommst, die jemand mit einem
Stock zu dir hinschleudert.

Ekel-Faktor

So ein Algenteppich ist zwar eklig,
kann dir aber nichts anhaben.

Tipp Gärtner hassen Algenteppiche auf ihren Teichen und bekämpfen sie häufig mit algenabtötenden Chemikalien. Es ist aber einfacher und umweltfreundlicher, den Algenschlick mit einem Rechen herauszufischen.

Woraus ist der Teppich?

Der schleimige Teppich auf Teichen
und anderen stehenden Gewäs-
sern sieht wie eine einzige große
Pflanze aus, besteht aber aus Aber-
millionen winziger Pflanzen, nämlich einzelligen Algen.

Koloniebildung

Einige Wasseralgen schwimmen für
sich allein. Viele Arten aber schließen sich zu Kolonien zusammen,
was dann wie ein Teppich wirkt. Die
einzelnen Zellen sind von klebri-
gem Schleim umgeben, weshalb
der Algenteppich dann insgesamt
so glitschig und widerlich aussieht.

Schleiminvasion

Das Zusammenleben in Gruppen
scheint das Algenwachstum enorm
zu beschleunigen. Sie können in
kürzester Zeit einen ganzen Teich
bedecken.

Wehe, du bewirfst mich damit! Der
schleimige Algenteppich sieht eklig
aus und fühlt sich auch so an.

Schleimpilz

Über Nacht erscheint eine eklige, glibberige Masse auf eurem Rasen. Sie sieht aus wie aus einem Horrorfilm. Tatsächlich hat man spekuliert, wo diese bizarren Klumpen herkommen. Man gab ihnen Namen wie »Drachendreck« oder »Sternengelee« und dachte, Ufos hätten sie gebracht. Die Wahrheit ist weniger aufregend: Der Glibber ist etwas ganz Natürliches und wird Schleimpilz genannt.

Schleimpilze haben Filmemacher zu dem Horrorfilm »Der Blob« angeregt.

Zellmasse

Es ist schwer zu erklären, was ein Schleimpilz wirklich ist: weder Pflanze noch Tier und auch kein echter Pilz. Vielmehr besteht er aus einer Ansammlung von einzelligen Lebewesen, die Eigenschaften von Tieren, aber auch von Pilzen haben. Sie existieren normalerweise einzeln, können sich aber zu großen, wabbeligen Zellklumpen zusammenschließen.

Gesteuerte Bewegung

Umso unangenehmer ist der Gedanke, dass diese Zellen, sobald sie zusammengeschlossen sind, wie ein Einzellebewesen handeln können. Der ganze Glibberhaufen kann sich z. B. auf Nahrungssuche durch die Gegend bewegen.

Kein außerirdisches Schleimmonster, sondern ein Schleimpilz

Tipp Schleimpilze kannst du einfach mit einem Gartenschlauch wegspritzen.

Ekel-Faktor

Ein Geleeklumpen mit eigenem Willen — keine schöne Vorstellung!

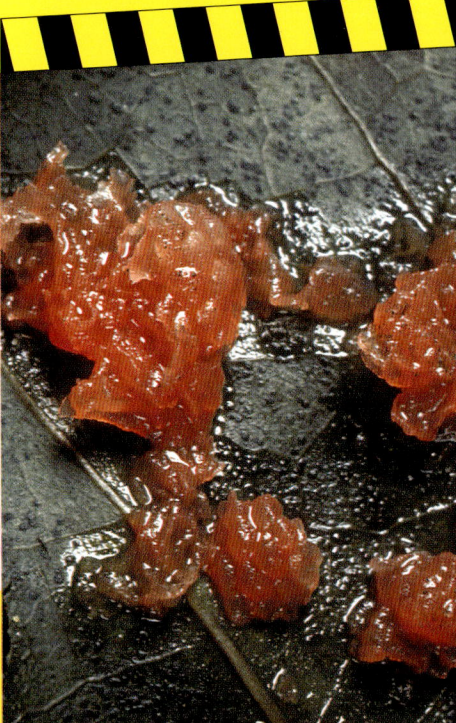

Aus eins mach zwei

Trennt man einen Schleimpilz durch, entstehen zwei — genauso kann man zwei von ihm zu einem größeren zusammenfügen.

Tentakel-pilz

Der Pilz hat bis zu 16 schleimige Tentakeln.

Wenn du an Pilze denkst, dann gewiss nicht an so einen! Dieser bizarre Pilz mit seinen roten Tentakeln ist mit ekligem braunem Schleim überzogen und trägt den wissenschaftlichen Namen Aseroë rubra, was übersetzt die Wörter »widerlich« und »rot« enthält.

Tipp Iss diesen Pilz unter keinen Umständen und halte Haustiere von ihm fern! Er ist giftig und es sind schon Hunde daran gestorben.

Ekel-Faktor

Stinkend, schleimig und hässlich — der ekligste Pilz der Welt!

Schleimige Sporen

Wie einige Stinkblumen, riecht auch der Tentakelpilz nach verwesendem Fleisch, um Fliegen anzulocken. Wenn sie auf dem Pilz landen, bleibt an ihnen dunkle Schmiere kleben, die Sporen — also sozusagen die Samen des Pilzes — enthält. Beim Weiterfliegen verteilen sie die Sporen, und neue Pilze wachsen.

Seestern oder Wunde?

Die Rotfärbung und die Arme des Pilzes lassen an Seesterne oder Anemonen denken. Wissenschaftler haben aber eine viel ekligere Erklärung für die rote Farbe: Wahrscheinlich sollen Fliegen durch die Ähnlichkeit mit der blutenden Wunde eines Tieres angelockt werden, denn dort hinein legen einige Fliegen gern ihre Eier.

Unterwegs in Blumenerde

Zu Hause ist der Pilz in Australien und auf den pazifischen Inseln. Manchmal gehen die Sporen aber auf Reisen — meist mit Topfpflanzen —, sodass der Pilz überall auf der Welt auftauchen kann.

Stinkmorchel

Schon der Name »Stinkmorchel« sagt dir etwas über diesen ekelhaften Pilz. Er hat einen langen, weißen Stiel mit einer herabgezogenen grünlichen Kappe, die mit stinkendem Sporenschleim bedeckt ist. Er riecht stark nach Aas oder manchmal nach Tierkot, um Fliegen anzulocken, die die Sporen verbreiten sollen.

Erst riechen, dann sehen

Die fliegenumbrummten Stinkmorcheln wachsen in Europa und Nordamerika in Wäldern und Gärten. Für gewöhnlich riechst du sie schon, bevor du sie siehst: ein süßlich-ekliger Geruch, von dem einem schlecht werden kann.

Hexeneier

Wenn der Pilz aus dem Boden kommt, steckt er im Inneren einer eiartigen Kugel, aus der er dann ausbricht. Obwohl es sich nicht um wirkliche Eier handelt, werden die geheimnisvoll auftauchenden Kugeln »Hexeneier« genannt.

Für Fliegen ist der Geruch unwiderstehlich.

Stinkig, aber genießbar

Die Stinkmorchel ist nicht giftig und manche Leute essen sogar die »Eier«. Sie galt einst als Heilmittel gegen vielerlei Beschwerden, von Gelenkschmerzen bis Krebs.

Ekel-Faktor

Ein unappetitlicher Pilz, der aber nicht wenige Bewunderer hat!

Blutegel

Wenn du dich im Wasser aufhältst, kann es schon einmal passieren, dass sich ein bein- und knochenloser, wurmartiger Blutegel an dir festsaugt.

Blutsauger

Blutegel saugen sich an deiner Haut fest und ritzen sie mit ihrem nadelartigen Maul oder ihren scharfen Zähnchen auf. Sie saugen sich voll mit deinem Blut. Es kann bis zu 20 Minuten dauern, bis sie wieder abfallen. Von den über 600 Arten ernähren sich aber nur wenige von menschlichem Blut. Die meisten fressen andere Tiere wie Wasserwürmer.

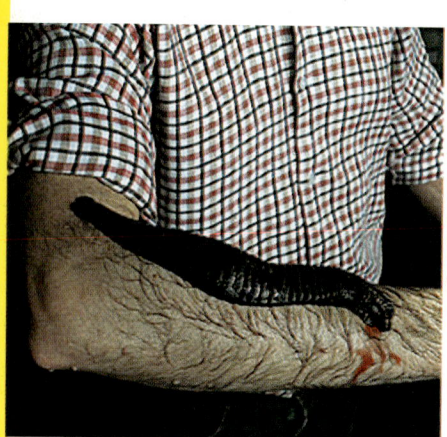

Aderlass

Im Mittelalter wurden Blutegel eingesetzt, um Krankheiten zu heilen. Man glaubte, viele Gebrechen würden durch zu viel Blut verursacht. Die Blutegel wurden dann absichtlich auf die Körper gesetzt, um Blut zu saugen. Auch heute noch wird das von manchen Ärzten praktiziert.

Blutegel können kleine Wesen von gerade mal 1 cm Länge sein oder wie diese Art vom Amazonas mehr als 30 cm lang werden.

Tipp Der beste Weg, um einen Egel wieder loszuwerden, ist, einen Fingernagel vorsichtig unter ihn zu schieben, um die Saugnäpfe zu lösen. Quetsche oder verbrenne ihn niemals und spieße ihn auch nicht auf: Er könnte seinen Mageninhalt erbrechen und dich mit Keimen infizieren.

Haarbalgmilbe

Stell dir vor, ein winziges Krabbeltier lebt in den Wurzeln deiner Wimpern. Eklig oder? Es ist aber viel normaler, als du denkst: Viele Kinder und mehr als die Hälfte aller Erwachsenen haben Haarbalgmilben – warum also nicht auch du?

Haarbalg-was?!

Milben sind mit Spinnen verwandt, Haarbalgmilben haben allerdings eine wurmartige Form und acht winzige Beine. Sie leben da, wo zum Beispiel die Wimpern aus der Haut kommen: Haarbalg oder Haarfollikel nennt man diese Stelle. Sie können auch herauskommen und speziell nachts herumkrabbeln. Die Milben leben auch in Augenbrauen und ernähren sich von abgestorbener Haut und Talg (das Zeug, das Haare und Haut fettig macht).

Ekel-Faktor

Haarbalgmilben sind harmlos. Steigere dich nicht in Gedanken hinein, dass sie eklig sind.

Wieso sehe ich die Milben nicht?

Diese Milben sind unvorstellbar winzig: kleiner als einen halben Millimeter, sodass du sie im Spiegel nicht erkennen kannst. Wenn du allerdings ausgefallene Wimpern unter dem Mikroskop betrachtest, könntest du welche entdecken.

Tipp Haarbalgmilben loszuwerden, ist äußerst schwierig. Sie kommen immer wieder. Kümmere dich am besten gar nicht um sie.

Eine Haarbalgmilbe unter dem Mikroskop. Ihr Hinterteil ist im Haarfollikel verankert.

Im Alter

Je älter du wirst, umso größer ist die Wahrscheinlichkeit, dass du Haarbalgmilben bekommst. Sie wechseln vom einen zum anderen, wenn Gesichter sich berühren.

Zecke

Du kommst von draußen und bemerkst ein kleines Etwas an deinem Bein. Eine Zecke! Wie Läuse, Mücken und anderes Kleingetier lieben es Zecken, dich zu beißen und dein Blut aufzusaugen. An Zecken ist die Art und Weise besonders eklig, wie sie sich festbeißen, während sich ihr Körper langsam mit Blut füllt.

Tipp Um eine Zecke loszuwerden, fasse sie vorsichtig mit einer Pinzette oder einer Zeckenzange am Kopf. Quetsche oder verbrenne ihren Körper nicht: Das macht ihren Stich gefährlicher für dich.

Ekel-Faktor

Blutsaugende Zecken sind nicht nur eklig, sondern können vor allem gefähliche Krankheiten übertragen.

Wie findet eine Zecke dich?

Zecken leben im hohen Gras und im Gebüsch, und sie lassen sich von dir abstreifen, wenn du vorbeikommst. Sie ernähren sich von Tierblut, z.B. von Hunden oder Rehen. Zecken erspüren einen Wirt (also den »Blutspender«) an der Körperwärme oder am Atem. Dann krabbeln sie auf ihn.

Schon gewusst?

Zecken können Krankheiten übertragen, wie z. B. Borreliose, die dich schrecklich müde macht und heftige Schmerzen verursacht.

Auftankstation

Als Nächstes sucht sich die Zecke nackte Haut und gräbt einen Großteil ihres Kopfes hinein. Es kann Stunden oder sogar Tage dauern, bis sie sich vollgesaugt hat.

Diese Zecke wird immer fetter, während sie sich mit Blut füllt.

Mit seinen starken Hinterbeinen springt ein Floh 200-mal so weit, wie er lang ist.

Floh

Anders als andere Parasiten (Lebewesen, die auf, in oder von anderen Lebewesen leben) kannst du einen Floh sehen, wie er mit unglaublicher Sprungkraft von einem Menschen zum anderen oder von deinem Haustier auf dich hüpft. Die Bisse dieser flügellosen Insekten jucken fürchterlich.

Überall Eier

Flöhe hüpfen auf Menschen und Tieren herum, machen es sich aber auch in Teppichen, Betten, Polstern und Tierkörbchen gemütlich. Ihre Eier liegen in staubigen Ecken oder Bettzeug und die ausgeschlüpften Larven ernähren sich von abgestorbener Haut und Krümeln. Nur die ausgewachsenen Tiere hüpfen auf dich, um Blut zu trinken. Deshalb wird man sie schwer los: Das ganze Haus muss »entfloht« werden.

Juckende Bisse

Beim Biss kommt auch die Flohspucke in die Bissstelle, was quälendes Jucken und Rötungen, manchmal sogar Allergien hervorruft.

Ein Floh, stark vergrößert

Bett- wanze

Was ist dein Bett für ein gemütlicher Ort ... solange sich keine Bettwanzen darin eingerichtet haben. Die beißen dich, wenn du schläfst, und verursachen grässlichen Juckreiz.

Tipp Du kannst Bettwanzen fangen, indem du mitten in der Nacht eine Taschenlampe auf dein Bett richtest und sie einsammelst, bevor sie losrennen. Um den Befall aber vollständig loszuwerden, musst du eventuell einen sogenannten Kammerjäger hinzuziehen.

Meister im Verstecken

Die lichtscheuen Bettwanzen sind schwer zu finden. Winzig und platt wie sie sind, können sie sich tagsüber in Matratzensäumen und den kleinsten Ritzen verstecken. Man-

che verbergen sich sogar an der Decke über einem Bett und lassen sich dann nachts herunterfallen. Igitt! Zum Glück sind heutzutage die meisten Wohnungen wanzenfrei.

Essenszeit!

Sobald es stockdunkel ist und du stillliegst, starten die Bettwanzen ihr Mahl. Sie stechen dich mit ihren scharfen, schnabelartigen Mundwerkzeugen, die zwei Röhren haben: eine, um betäubende Flüssigkeit auf die Bissstelle zu geben, und eine zum Blutsaugen. Zuerst spürst du nichts, aber es bleibt eine quälend juckende Quaddel zurück.

Bettwanzen beißen Menschen, wenn sie am wehrlosesten sind: im Schlaf.

Drei in einer Reihe

Wanzen hinterlassen oft drei ordentlich aufgereihte Bissstellen, man könnte meinen: Frühstück, Mittagessen, Abendbrot. Der Grund ist aber, dass sie kurz von dir ablassen müssen, wenn du dich im Schlaf bewegst, und sich dann erneut festbeißen.

Haus-staub-milbe

Bettwanzen kannst du leicht vermeiden, aber Hausstaubmilben hast du mit Sicherheit in deiner Wohnung. Die meisten Betten sind genauso wie Sofas und Teppiche das Zuhause von Tausenden dieser winzigen spinnenartigen Wesen. Ihre Nahrung sind Schüppchen abgestorbener Haut, die sich im Hausstaub befinden — daher ihr Name.

Ekel-Faktor

Ganz schön eklig, mit wie vielen Krabbeltieren wir zusammenleben. Gut, dass wir sie nicht sehen können.

Tipp Hausstaubmilben und ihr Kot werden vernichtet, wenn du dein Bettzeug bei 60 °C wäschst. Dann sind sie aber immer noch in der Matratze. Es ist schwer, sie ganz loszuwerden.

Winzlinge

Die Menge Haut, die dein Körper jeden Tag abschuppt, ist winzig – und genauso sind die Hausstaubmilben. Die blinden, achtbeinigen Milben sind kleiner als 0,5 mm. Jeder Mensch produziert Hautschüppchen für mehrere Tausend gut genährte Milben.

Allergieauslöser

Wenn sich Hausstaubmilben durch den Staub fressen, hinterlassen sie Ausscheidungen und ihre Haut, die sie wie Schlangen abwerfen. Diese Hinterlassenschaften lösen bei manchen Menschen Allergien mit Ausschlag oder Asthma aus.

Schon gewusst?

Der Mensch verliert täglich Millionen toter Hautzellen. Im Jahr summiert sich das zu fast einem Kilogramm.

Eine Hausstaubmilbe unterm Mikroskop — auf der Suche nach ein bisschen Haut zum Abendbrot.

Bandwurm

Hast du schon mal zu hören bekommen, dass du so viel isst, als ob du einen Bandwurm hättest? Das ist als Scherz gemeint, aber Bandwürmer gibt es wirklich. Sie können in deinen Eingeweiden leben und dir dein Essen wegfressen.

Ekel-Faktor

Einem so großen Parasiten eine Heimat zu bieten: wirklich abstoßend!

Larven schlucken

Bandwurmeier (auch Cysten genannt) und -larven können sich in schmutzigem Wasser und ungekochtem Essen befinden. Wenn du sie herunterschluckst, können sie sich zu einem ausgewachsenen Bandwurm in deinem Inneren entwickeln. Der Wurm ist flach und hat kleine Haken am Kopf, mit denen er in deinen Eingeweiden Halt sucht.

Eier

Die Bandwurmeier kommen mit dem Kot heraus, wenn du die Toilette benutzt. In Ländern mit schlecht entwickeltem Abwassersystem kann verschmutztes Toilettenwasser ins Frischwasser zum Trinken und Kochen geraten. So verbreiten sich Bandwürmer schnell. Auch wenn du rohes Fleisch von einem Tier, z. B. einem Schwein, mit einem Bandwurm isst, kannst du dir einen einfangen.

Schon gewusst?

Wie widerlich: Es wurden schon Bandwürmer von 8 m Länge in Menschen entdeckt.

Dieser Bandwurm lebte in einer Hauskatze. Igitt!

Tipp Um Bandwürmer zu vermeiden, wasche dir vor jedem Essen gründlich die Hände und meide rohes Fleisch und rohen Fisch.

Spulwurm

Wenn wir davon sprechen, dass ein Tier oder Mensch Würmer hat, meinen wir Spulwürmer. Sie gehören zu den Fadenwürmern und sind kleiner als Bandwürmer: zwischen 1 und 25 cm. Das macht sie aber nicht weniger ekelhaft.

Wurmbefall

Menschen können sich Würmer durch mit Spulwurmeiern verschmutztes Wasser, Essen, Erdreich oder Hände zuziehen. In deinem Körper schlüpfen dann Würmer, die in deinen Eingeweiden leben. Winzige Würmer sterben schließlich und du scheidest sie beim Klogang aus. Größere Spulwürmer aber können große Probleme bereiten.

Ringelige Spulwürmer

Schlängelnde Invasion

Wenn du einen Wurmbefall hast und nichts dagegen tust, können sich die Würmer an andere Stellen deines Körpers bewegen und sich fortpflanzen, sodass du schließlich massenhaft Würmer in dir trägst. Ein Wurm könnte aus deiner Nase oder deinem Auge herauskommen oder du könntest Würmer erbrechen.

Ekel-Faktor

Ekelhöchstwerte gibt's für die Vorstellung eines Spulwurms, der aus einem Auge herauskommt.

Tipp Wasche dir nach jedem Gang zur Toilette und jedem Kontakt mit einer Babywindel die Hände!

Keine Panik!

Ärzte können dir schnell helfen, Würmer loszuwerden. Probleme treten nur auf, wenn man den Befall nicht behandelt.

Medinawurm

Stell dir vor, du müsstest über einen Monat oder länger ganz langsam einen Wurm aus deiner Haut ziehen. Das passiert, wenn du einen Medinawurm hast, und ist nicht nur eklig, sondern auch schmerzhaft.

Im Wasser

Bevor sie einen Menschen befallen, leben Medinawurmlarven in winzigen Wasserkrebschen, die in stehendem, verschmutztem Wasser zu Hause sind. Trinkst du das Wasser, sterben die Krebschen in deinem Magen, die Medinawurmlarven aber werden zu einem erwachsenen Wurm.

Ich muss hier raus!

In deinem Innern kann ein Medinawurm-Weibchen bis zu einem Jahr wachsen. Da es deinen Körper verlassen muss, um Eier zu legen, wandert es in Richtung Haut und verursacht dort ein schlimmes Geschwür. Du weißt, dass du ein Medinawurm-Problem hast, wenn du ein Wurmende daraus hervorschauen siehst.

> **Tipp** Um einen Medinawurm zu entfernen, musst du ihn Tag für Tag ein bisschen weiter aus der Haut ziehen und auf ein Stäbchen aufwickeln. Das kann Wochen dauern und tut sehr weh.

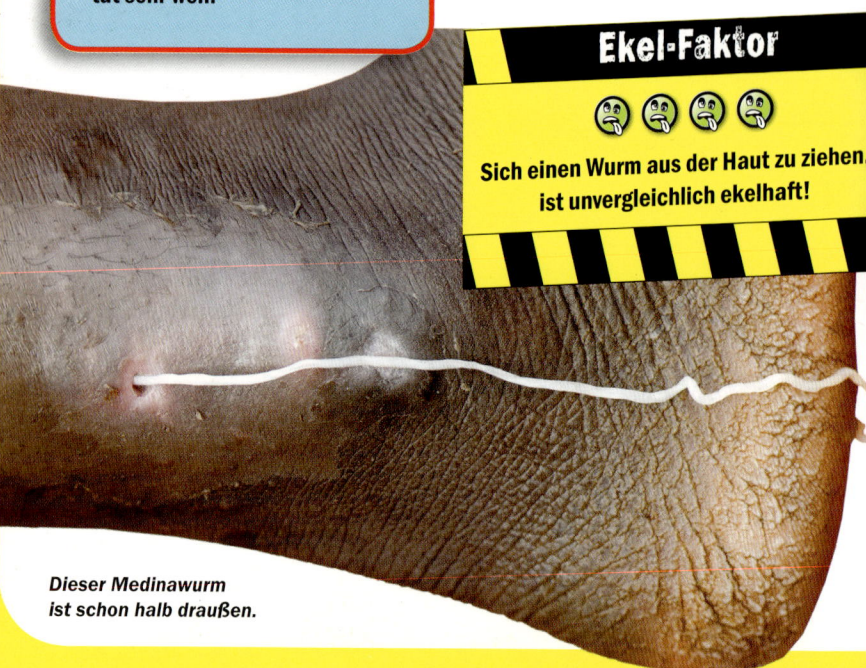

Ekel-Faktor

Sich einen Wurm aus der Haut zu ziehen, ist unvergleichlich ekelhaft!

Dieser Medinawurm ist schon halb draußen.

Zungenfressender Krebs

Stell dir vor, ein raffinierter Parasit würde nach und nach deine Zunge fressen, um sie dann durch seinen Körper für immer zu ersetzen! Das passiert dem Schnapper, einer Fischart, wenn ein Krebs mit dem wissenschaftlichen Namen Cymothoa exigua auf ihn trifft.

Lecker: Zunge

Der 4 cm große Krebs mit dem Aussehen einer Assel dringt durch die Kiemen in einen Fisch ein und setzt sich auf dessen Zunge fest. Aus ihr saugt er so lange Blut, bis sie abstirbt und abfällt. Dann verankert sich der Krebs an den Muskeln und wird zur neuen »Zunge«, wo er sich von Blut und Körperflüssigkeiten des Wirtsfisches ernährt.

Auch beim Menschen?

Keine Angst, auch wenn du im Meerwasser bist! Der zungenfressende Krebs braucht Kiemen, durch die er eindringt, und die haben Menschen nicht. Er befällt vor allem die Fischart Roter Schnapper.

Ekel-Faktor

Nicht schön, aber weit weg vom Menschen!

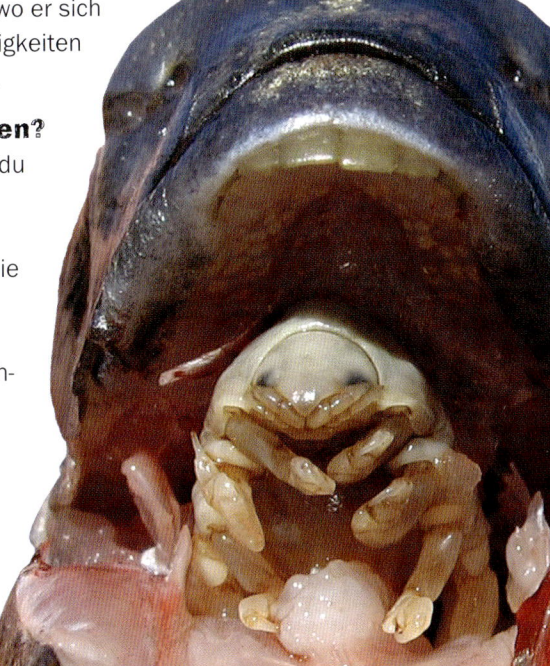

Mund auf! In diesem Fischmaul sitzt ein fieses Zungenmonster.

Supermarkt-Überraschung

2005 kaufte ein Engländer einen ganzen Schnapper, um ihn zu kochen, und staunte nicht schlecht, als er im Maul einen ausgewachsenen zungenfressenden Krebs fand.

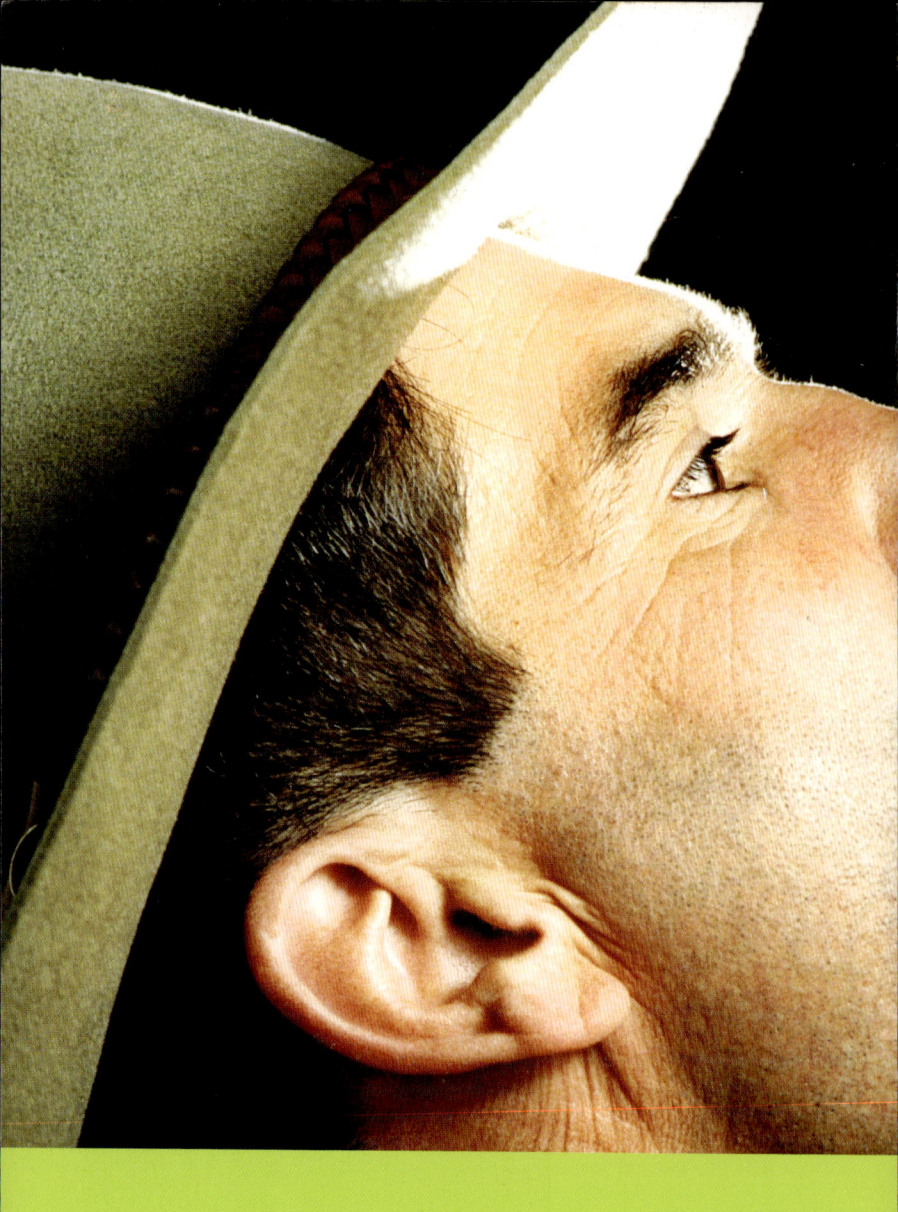

Ekliges bei den Menschen

Wir Menschen sehen uns gern als sauber und duftend. Das ist aber weit von der Wahrheit entfernt! Wir produzieren eklige Körperausscheidungen und genauso widerliche Erfindungen, um sie loszuwerden. Viele von uns essen Dinge, die andere zutiefst ekelerregend finden, wie verrottenden Fisch, Madenkäse, Vogelspucke, Tierkot und knusprig gebratene Vogelspinnen.

Käse-Bakterien

Was würdest du wohl sagen, wenn du zu einer Delikatesse aus geronnener, stinkender,  *Monate alter Milch eingeladen würdest, die schon Kruste angesetzt hätte und in die womöglich noch grüner Schimmel gespritzt worden wäre? Nein danke, oder? Und doch hast du Ähnliches bestimmt schon oft gegessen.*

Blauschimmelkäse wird Schimmel hinzugefügt, was ein herbes Aroma erzeugt.

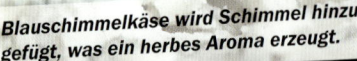

Ekel-Faktor

Entweder liebst du Käse oder du findest Käse eklig und ungenießbar!

Ist Käse eklig?

Wer an Käse gewöhnt ist, dem erscheint er normal und kein bisschen eklig. In einigen Teilen der Welt, vor allem in Asien, ist es nicht verbreitet, Milchprodukte und speziell Käse zu essen, und die Menschen bekommen davon Schwierigkeiten mit der Verdauung. Sie finden Käse, vor allem Blauschimmelkäse, oft ekelerregend. Käse ist aus Milch gemacht, die unter kontrollierten Bedingungen schlecht wird. Der starke Geruch kommt oft von Bakterien, die zugesetzt werden, um Milch in Käse zu verwandeln.

Schimmlige Adern

Die Erzeuger von Blauschimmelkäse gehen noch etwas weiter: Sie spritzen oder rühren Schimmelsporen ein, sodass sich ein schimmliges Adersystem im Käse bildet. Schimmliges Brot werfen wir sofort weg, schimmligen Käse essen wir! Der Käseschimmel ist aber im Gegensatz zum Schimmel in anderen Lebensmitteln nicht giftig.

Wie kommen wohl die Löcher in diesen Schweizer Käse?

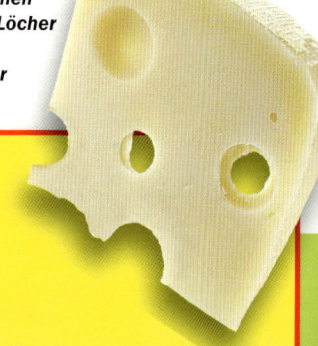

Schon gewusst?

Die Löcher im Käse entstehen durch Gasblasen, die von Bakterien im Käse hervorgerufen werden.

Maden-Käse

Einige Käsesorten sind ekliger als andere, und der italienische Madenkäse Casu Marzu ist der widerlichste von allen: verrottend, stinkend und voller lebender Maden!

Gesetzlich verboten

Obwohl Casu Marzu mittlerweile per Gesetz verboten ist, wird er noch immer gegessen. Man lässt sogenannte Käsefliegen ihre Eier auf Schafskäse ablegen. Die schlüpfenden Maden ernähren sich von dem Käse und machen ihn faulig, flüssig und streng im Geschmack.

Madenwimmelnder Casu Marzu: Willst du ein Butterbrot damit?

Lust auf Maden?

Manche Menschen essen die Maden im Käse mit. Andere stecken den Käse erst in einen Behälter, in dem die Maden keine Luft bekommen. So springen sie heraus und sterben.

Gefahr fürs Auge

Die Maden können sich zusammenrollen und dann bis zu 15 cm in die Luft springen. Deshalb schirmen die Leute beim Essen ihre Augen mit den Händen ab. Guten Appetit!

Tipp Solltest du einmal Casu Marzu probieren wollen, achte darauf, ob die Maden noch herumkrabbeln und springen. Wenn nicht, sind sie tot und der Käse ist schlecht und damit ungenießbar geworden.

Guga

Guga (so der englische Name) wird als Delikatesse auf der weit im Meer liegenden schottischen Insel Lewis geschätzt. Es ist das Fleisch von Basstölpel-Jungvögeln, das extrem fischig, salzig und streng schmeckt.

Erst mal kriegen ...

Obwohl viele Menschen den Geschmack abscheulich und den Geruch sogar noch schlimmer finden, ist Guga eine kostspielige Delikatesse, weil Basstölpel-Jungen aufwendig zu fangen sind und nur begrenzt gefangen werden dürfen. Im Herbst brechen die Guga-Jäger per Schiff von Lewis auf und fahren zu den Nistplätzen der Vögel, der 65 km entfernten kleinen Insel Sula Sgeir (wörtlich etwa: Basstölpel-Insel). Dort fangen sie die Jungtiere auf traditionelle Weise mit Schlingen am Ende langer Stangen.

Ekel-Faktor

Obwohl Guga eklig zu sein scheint, schätzen es viele. Aber auch sie stimmen zu, dass der Geruch beim Kochen unerträglich ist.

Die flugunfähigen Basstölpel-Jungen sind ein leichtes Opfer für Jäger.

Schon gewusst?

Basstölpel stehen unter Naturschutz, aber eine spezielle Regelung erlaubt die Guga-Jagd einmal im Jahr. Naturschützer würden sie gern ganz verbieten.

Ein ausgewachsener Basstölpel jagt vor der Insel Sula Sgeir.

Tipp Vor dem Kochen muss Guga erst von Fett und Salz freigeschrubbt werden. Dann wird es mehrmals gekocht und das Fett wird jeweils abgeschöpft.

Hákarl

Hákarl ist getrocknetes, vergam-meltes Haifleisch. Köstlich! In Is-land ist es ein Traditionsgericht, obwohl es so grässlich schmeckt, dass sogar viele Isländer es nie-mals essen würden. Es riecht noch viel schlimmer, als es schmeckt.

Stinkende Haie

Hákarl wird aus Grönlandhai oder Riesenhai hergestellt. Deren Fleisch enthält sehr stark riechen-de und gesundheitsschädliche Substanzen. Um es überhaupt ess-bar zu machen, wird es ausge-presst, traditionellerweise mehrere Wochen unter einem Steinhaufen. Sobald es anfängt zu vergammeln, wird es zwei Monate zum Trocknen aufgehängt und dann klein ge-schnitten.

Ekel-Faktor

Hákarl ist eines der am schlimmsten stinkenden und ekligsten Lebensmittel der Welt.

Tipp Wenn du unbedingt Hákarl probieren willst, halte dir die Nase zu, damit du es überhaupt schaffst, einen Bissen zu nehmen.

Wie schmeckt's?

Sogar Hákarl-Fans müssen das Fleisch mit einem starken Getränk hinunterspülen. Es soll sehr scharf schmecken und stark nach Ammo-niak riechen. Das ist eine Chemika-lie, die deine Augen tränen lässt. Hákarl ist weich und glibberig wie fettiges Fleisch.

Dieser Isländer hat Haifleisch zum Trock-nen aufgehängt: ein Teil des Herstellungs-prozesses von Hákarl.

Chinesischer Raupenpilz

Frisch gesammelte chinesische Raupenpilze

Im Himalaja, wo er herkommt, wird dieser merkwürdige Pilz »Yartsa Günbu« oder »Dong Chong Xia Cao« genannt. Beides bedeutet: »Sommergras-Winterwurm«. Dieser Pilz beginnt sein Leben sozusagen als Raupe und beendet es als Pflanze!

Ekel-Faktor

Die Raupen-Pilz-Kombination dürfte wirklich fast jeden davon abhalten zu probieren — sogar Pilz-Liebhaber.

Tipp Die Raupenpilze werden im Ganzen oder zerbröselt in Suppe gegessen. Sie werden auch als Medizin in Pillenform verabreicht. Probiere sie in keiner Form, sie können dich krank machen.

Raupeninvasion

Raupen einer Schmetterlingsart aus der Familie der Wurzelbohrer, die unter der Erde überwintern, werden von dem Pilz befallen. Der Pilz treibt seine Wurzeln durch den ganzen Raupenkörper, tötet die Raupe und konserviert sie im Erdreich. Im Frühling sprießt dann aus dem Kopf ein Pilz, an dessen Ende noch die vertrocknete, tote Raupe hängt.

Pilze als Medizin

Die Bergbewohner des Himalaja essen den Raupenpilz seit jeher. Und er gehört zur traditionellen chinesischen und tibetischen Medizin. Tatsächlich enthält er wirkungsvolle pharmazeutische (also medizinisch wirksame) Substanzen.

Ein Mann gräbt nach Raupenpilzen, die in China sehr kostbar sind.

Augen

Vielleicht hast du schon mal Augen gegessen: als Gruselsüßigkeit an Halloween. Aber viele Menschen essen echte Augen — z.B. von Kühen, Schafen und Fischen.

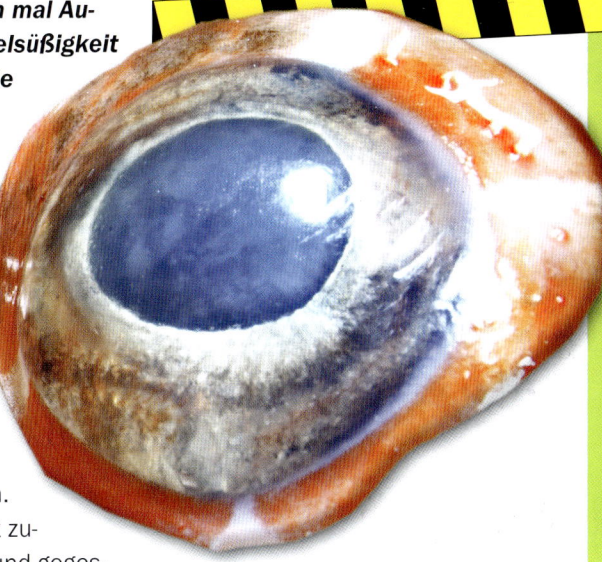

Stell dir vor, du müsstest in dieses Auge beißen!

Gebratene Schafsaugen

Schafsaugen sind in Saudi-Arabien beliebt, wo bei Festen ganze Schafe gebraten werden. Die Augen werden meist zuerst herausgenommen und gegessen. Sie sollen weich und matschig sein, wenn man hineinbeißt.

Fischaugen

In vielen Teilen Asiens werden die Augen als der leckerste Teil vom Fisch betrachtet. Du kannst sie im Ganzen herausdrücken oder -schälen und essen. Viele Leute spucken die harte Augenhornhaut dann wieder aus.

Gefüllte Augäpfel

Für ein traditionelles französisches Gericht namens »Yeux de veau farcis« (auf Deutsch: Gefüllte Kalbsaugen) werden Kälberaugen gekocht und Hornhaut, Iris und Linsen entfernt. Dann wird der Augapfel mit Pilzen gefüllt und in Brotbröseln gebraten.

Tipp Solltest du jemals ein Auge essen müssen, schlucke es im Ganzen hinunter, damit du nicht durch Kauen das geleeartige Innere in den Mund bekommst.

Speziell für dich!

Da Augen nur ein kleiner Teil eines Tieres sind, gibt es keine großen Mengen davon. Deshalb kann es sein, dass sie als besonders rare Delikatesse dem Ehrengast als Aufmerksamkeit und Ehre bei einem Fest angeboten werden.

Durian

Die Durian ist kein ekliger Körperteil eines Tieres oder vergammelte Nahrung, es ist nur eine Frucht. Aber was für eine! Sie ist berüchtigt für ihren widerwärtigen Geruch — und dennoch lieben viele sie.

Ekel-Faktor

Vom widerlichen Geruch abgesehen, ist die Durian ein Genuss

Eine aufgeschnittene, reife Durian

Fußballgroße Frucht

Durians wachsen auf Bäumen in südostasiatischen Ländern wie Indonesien und Malaysia. Die stachligen Früchte können fußballgroß werden. Im Inneren sind die großen Samen von cremigem Fruchtfleisch umhüllt.

Eine unbeschreibliche Erfahrung

Der Geruch von Durians wird mit vielem verglichen: Erbrochenes, stinkender Käse, Stinkesocken, faulige Zwiebeln, Katzenurin, Desinfektionsmittel, Toiletten, Schweinekot sind nur einige der wenig schmeichelhaften Vergleiche. Dennoch geben viele Menschen ihr Geld für eine reife Durian aus, um in den Genuss des köstlichen Fruchtfleisches zu kommen, das buttrig, nussig und fruchtig schmecken soll.

Schon gewusst?
In Thailand ist es verboten, Durians in der Öffentlichkeit zu essen, weil ihr Gestank andere belästigen könnte.

Der bis zu 36 m hohe Durianbaum stammt ursprünglich aus Brunei, Indonesien und Malaysia.

No smoking

No eating and drinking

ne $1000   Fine $500

No flammable goods

No durians

Fine $5000

U-Bahn-Schild in Singapur: Durians verboten

Tipp Halte dich nicht unter Durianbäumen auf: Die schweren Früchte können dich erschlagen, wenn sie reif zu Boden fallen.

Kopi-Luwak-Kaffee

Der Fleckenmusang ist ein scheues, nachtaktives Tier aus der Familie der Schleichkatzen.

Einer der teuersten Kaffees der Welt kommt — aus dem Darm eines Tieres. Der Kaffee wird Kopi Luwak genannt, was »Musang-Kaffee« heißt. Und tatsächlich werden dafür Kaffeebohnen benutzt, die den Verdauungstrakt des Fleckenmusangs durchlaufen haben, der in Südostasien zu Hause ist.

Kaffeebeeren

Kaffeebohnen wachsen in den Früchten der Kaffeepflanzen, den Kaffeebeeren. Sie werden vom Musang gefressen. Verdaut wird nur die weiche Frucht, die härtere Bohne wird als Ganzes ausgeschieden. Aus dem Kot der Säugetiere werden die Bohnen gesammelt, gewaschen und geröstet. Jetzt kann der Kaffee gemahlen und aufgebrüht werden. Ein teurer Spaß: 500 g kosten über 100 Euro, eine Tasse in einem Café ungefähr 50 Euro.

Lohnt sich das?

Kopi Luwak soll sehr mild, schokoladig und köstlich schmecken. Zwei Gründe gibt es dafür: Erstens fressen Fleckenmusangs nur reife, makellose Beeren, die auch die besten Bohnen enthalten. Und zweitens dringen Substanzen aus den Eingeweiden der Tiere in die Bohnen ein und verbessern den Geschmack.

Was ist mit Keimen?

Obwohl die Bohnen aus Tierkot geholt werden, ist der Kaffee nicht gesundheitsschädlich, da beim Rösten mit hohen Temperaturen alle Keime abgetötet werden.

Im Fleckenmusang-Kot sind die Kaffeebohnen gut sichtbar.

Mopane-Raupe

Die Mopane-Raupe lebt auf Bäumen.

Tipp Vor dem Genuss einer Mopane-Raupe muss man ihre bitteren Innereien loswerden. Dafür drückt man sie wie eine Tube Zahnpasta und schüttelt den grünen Schleim, der herauskommt, ab.

Im südlichen Afrika gehören die Mopane-Raupen zu den Grundnahrungsmitteln. Wenn die schleimigen Innereien erst einmal herausgequetscht sind, kann man sie als Snack oder in einem deftigen Eintopf essen.

Raupen-Saison

Die Mopane-Raupen schlüpfen im frühen Sommer (November im südlichen Afrika) aus den Eiern einer Nachtfalterart. Sie fressen sich in den Mopane-Bäumen fett. Dort werden sie abgesammelt und dann in der Sonne getrocknet. Es gibt sie sogar als Konserven in Supermärkten. Während der Mopane-Raupen-Saison sinkt der Verkauf von anderen Fleischsorten drastisch ab, so beliebt sind sie.

Wie schmecken sie?

Mopane-Raupen haben nicht besonders viel Eigengeschmack, deshalb werden sie oft in einem stark gewürzten Tomateneintopf serviert. Aber gebraten oder gegrillt sollen sie den Geschmack von Brathühnchen haben.

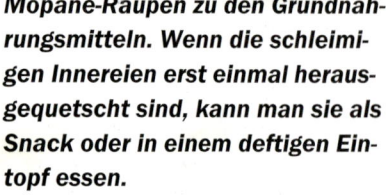

Die Raupen werden hier für ein Festmahl über einem offenen Feuer gekocht.

Gebratene Spinne

Allen, die schon beim Anblick von Spinnen Angst haben, läuft beim Gedanken daran, Spinnen zu essen, wahrscheinlich ein Schauer über den Rücken — je fetter die Spinne, umso mehr ...

Beliebter Imbiss

In Südamerika und Südostasien sind Spinnen als Nahrungsmittel beliebt. In Kambodscha werden ganze geröstete Spinnen als Imbiss auf Märkten angeboten. Im Amazonas-Regenwald bereiten die Leute große Vogelspinnen zu, indem sie ihre Innereien auf ein Blatt quetschen, aus dem Blatt ein Päckchen falten und es über heißer Asche garen.

Diese Art Vogelspinnen isst man in Kambodscha.

Ekel-Faktor

Eine fette, haarige Vogelspinne auch noch essen? Absolut widerwärtig!

Schon gewusst?

Trotz ihrer Größe bewegen sich Vogelspinnen sehr langsam und sind deshalb leicht zu fangen.

Köstliche Vogelspinnen

Spinnenfleisch aus Kopf und Beinen schmeckt ein bisschen wie Krabbenfleisch. Aber bei großen Spinnen besteht der Körper aus einem — auch nach dem Kochen — zähflüssigen Innereienbrei. Echt unappetitlich!

Tipp Um nicht aus Versehen den Giftzahn mitzuessen, wird er vorher abgeschnitten. Manche nehmen ihn aber auch als Zahnstocher.

Ein thailändisches Nudelgericht mit Bratspinnen.

Ameisen in Schokolade

Ekel-Faktor

Wenn du über die Abneigung, Krabbeltiere zu essen, hinwegkommen kannst, sind Ameisen die leckersten.

Eine Packung mit Ameisen in Schokolade: gleich zum Wegfuttern!

Du kannst tatsächlich schokoladenüberzogene Ameisen kaufen: in Abteilungen für exotische Lebensmittel. In Afrika, Südamerika und Asien ist es weit verbreitet, Ameisen zu essen. Für manche Menschen gehören sie zu den Grundnahrungsmitteln.

Ameisen fangen

Menschen haben viele Tricks, um Ameisen einzufangen. In Thailand gräbt man Ameisenhaufen auf oder holt ganze Ameisenstaaten von Bäumen und taucht die Tiere in Wasser, um sie von Eiern und Dreck zu befreien. In Brasilien werden ausgehöhlte Zweige mit Öl gefüllt und in die Erde gesteckt, um Ameisen anzuziehen und dann vom Zweig zu schlürfen.

Rezepte

Einige Ameisen kann man roh essen, die meisten aber werden zubereitet. Außer dass sie mit

Schokolade überzogen werden, werden sie, kurz gebraten, in Suppen, Pasteten und Burgern verwendet. In Mexiko isst man auch die Eier und Larven.

Schon gewusst?

Vermutlich gibt es mehr Ameisen auf der Welt als irgendeine andere Tierart. Nähme man das Gewicht aller Ameisen der Welt zusammen, wögen sie so viel wie alle Menschen zusammen — vielleicht sogar mehr.

Tipp Ameise schmeckt nicht wie Ameise. Manche Arten erinnern an Schinken, Butter oder Zitronen.

Mottenfri-kadellen

Ein traditionelles Mottenfrikadellen-Rezept lautet so: Man suche die Höhlen in den australischen Bergen auf, wo Bogong-Motten im Sommer zu Abertausenden leben. Eine Handvoll absammeln und in heiße Asche legen, um Flügel und Beine abzuflämmen. Zu Mottenfleisch verkneten, das man zu einer Kugel formt und zu einer Frikadelle platt drückt. Jetzt am Lagerfeuer braten — und fertig!

Bogong-Motten ballen sich oft in der Wärme von Hauswänden zusammen.

Die Bogong-Motte hat eine Spannweite von 45 mm und 2 Flecken auf jedem Flügel.

Mottenfest

Solche Mottenfrikadellen wurden von den australischen Ureinwohnern, den Aborigines, schon immer beim traditionellen Bogong-Motten-Fest zubereitet. Die Motten sind nahrhaft und energiereich, da sie viel Fett und Eiweiß enthalten. Das macht sie zu einer sinnvollen Nahrung.

Ekel-Faktor

Was hältst du von einer leckeren Mottenfrikadelle beim nächsten Grillabend? Vielleicht doch nicht …

Tipp Wenn du keinen so großen Hunger hast, kannst du die Motten auch nach alter Tradition einzeln als kleinen Snack essen.

Sommer-Snack

Auf den Speisezetteln der Australier nehmen Motten heute keinen wichtigen Platz mehr ein. Durch ihr massenhaftes Auftreten jedes Jahr sind sie aber ein wertvoller Nahrungsbestandteil für Tiere wie Spinnen, Eidechsen oder bestimmte Beuteltiere. Auch heute noch kannst du sie jeden Sommer beim Ngan-Girra-Festival in Australien (New South Wales) essen.

Witchetty-Maden

Saftige Witchetty-Maden

Die dicken, fetten, cremig weißen, sich windenden Maden sind ein Tausende von Jahren altes Nahrungsmittel in Australien. Sie sind vielleicht der bekannteste Insekten-Snack der Welt.

Ganz schön lang

Witchetty-Maden können auch Raupen sein, da sie aus den Eiern verschiedener Insekten schlüpfen, darunter Schmetterlingen. Sie können bis zu 7 cm lang werden. Man kann sie roh, gebraten oder in der Asche eines Lagerfeuers gegart essen. Sie schmecken wie nussige, buttrige Rühreier.

Wüsten-Mahl

Früher waren die Witchetty-Maden ein wichtiger Nahrungsbestandteil für die Aborigines (australische Ureinwohner), die im Outback (australische Wüste) lebten. Sie gruben die Maden aus den Wurzeln und Stämmen bestimmter Baum- und Buscharten, vor allem aber aus dem Roten Eukalyptus. Heute sind die Menschen nicht mehr auf die Made als Nahrung angewiesen, in manchen Restaurants und auf Festen wird sie aber nach wie vor angeboten.

Ekel-Faktor

Die Maden sehen zwar eklig aus, schmecken aber köstlich.

Diese Witchetty-Maden werden gleich gekocht.

Tipp Witchetty-Maden sind auf Spießchen gepikst prima zum Grillen geeignet.

Gebratene Heuschrecken

Heuschrecken und die mit ihnen verwandten Grillen und Zikaden gehören zu den leckersten Insekten der Welt. Sie sind recht groß, voller Eiweiß und es gibt Millionen von ihnen.

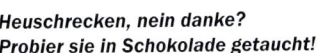

Heuschrecken, nein danke? Probier sie in Schokolade getaucht!

Gängige Kost

In Asien und in Teilen Amerikas und Afrikas sind Heuschrecken verbreitete Nahrungsmittel. Mit etwas Salz gebraten oder geröstet, werden sie als Snack zu einem Getränk gegessen. In Australien gibt es sogar ein ganzes Rezeptbuch nur über die Zubereitung von Heuschrecken.

So ein Haufen gebratener Heuschrecken deckt deinen Eiweißbedarf.

Nichts Neues

Heuschrecken-Mahlzeiten sind nichts Neues. Schon der griechische Philosoph Aristoteles aß gern Zikaden.

Ekel-Faktor

Wenn du ein Insekt essen musst, ist eine Heuschrecke die beste Wahl. Stell dir vor, es sei eine Krabbe.

Tipp Vorm Verzehr der Heuschrecke solltest du die Flügel und die langen Beine entfernen.

Essen in Hungerzeiten

Heuschreckenschwärme haben schon oft Ernten vernichtet. Dabei könnten die Menschen vielleicht überleben, wenn sie statt des Korns die Heuschrecken äßen. Fachleute glauben, dass die Wichtigkeit von Insekten steigen wird, wenn der Klimawandel mehr Missernten und Hungersnöte bewirken sollte.

Tierfüße

Füße sehen nicht gerade nach viel Fleisch aus, sind aber seit Jahrhunderten ein beliebtes, billiges Lebensmittel. Sie müssen nur vorsichtig gekocht werden, damit sie nicht zäh werden.

Ekel-Faktor

Füße sind nicht ekliger als anderes Fleisch, man muss sich nur daran gewöhnen.

Vogelfüße

In vielen Ländern Asiens kannst du Hühner- und Entenfüße als Snack kaufen, wie Bratwurst bei uns. Sie werden lange geschmort oder gekocht, sodass sich Sehnen und Gelenke in eine zähflüssige Masse verwandeln. Die kleinen Knöchelchen, die sie enthalten, muss man ausspucken. Vogelfüße dienen auch als Suppen- und Eintopfeinlage.

Gebackene Hühnerfüße zum Mitnehmen: ein etwas gewöhnungsbedürftiger Snack

Elefantenfuß

1790 schwärmte der französische Entdecker François Le Vaillant von einem Elefantenfuß-Mahl, das er in Afrika serviert bekam. Seine Gastgeber gruben den Fuß in die heiße Asche eines Feuers ein und backten ihn, bis er weich war. »Es sah so köstlich aus und verströmte einen so köstlichen Geruch, dass ich kaum warten konnte zu probieren: ein Mahl für einen König!«

Schweinefüße

Schweinefüße haben deutlich mehr Fleisch als Vogelfüße. In China isst man sie in Eintopf, in Sri Lanka als Currygericht. Für die italienische Spezialität Zampone wird der Fuß entbeint (von Knochen befreit) und gefüllt.

Schwalbennester-suppe

Hier geht es nicht etwa »nur« darum, Vogelnester aus Gras und Zweigen zu essen, sondern welche aus Vogelspucke!

Speichelsuppe

Die Suppe wird aus den Nestern der Vogelart Salanganen gekocht, die keine Schwalben, sondern Segler sind (verwandt mit unseren Mauerseglern). Sie nisten weit oben in Höhlen an Felsküsten, wo sie Moos, Haare, Seetang, Federn usw. mit Spucke zusammenzementieren und als Nest an die Wand kleben. Sammler müssen die Höhlenwände hinaufklettern, um an die Nester zu kommen. Allerdings gibt es in Indonesien auch künstliche Nisthöhlen.

Schwalbennestersuppe in einem Restaurant

China-Delikatesse

Die Nester werden nach China transportiert, wo große Nachfrage herrscht. In Wasser gekocht, quillt die Spucke und löst sich in eine gelatineartige Masse auf. Für mehr Geschmack wird meist Hühnchen hinzugefügt.

Ein Nestsammler untersucht seinen Fund in einer thailändischen Höhle.

Das Innere eines Salanganennestes, noch feucht von Spucke

Schon gewusst?

Schwalbennester gehören zu den teuersten Lebensmitteln der Welt: 0,5 kg können rund 800 Euro kosten.

Tipp

Du solltest keine Schwalbennestersuppe essen, da die Zahl der Salanganen durch den Nestraub, bei dem Eier zerstört werden, zurückgeht.

Kutteln

Kutteln werden aus den Mägen von Wiederkäuern, meist Kühen, zubereitet. Sie gehören zu den Innereien wie Hirn, Lunge und Herz. Viele Menschen finden Kutteln widerlich, weil sie ähnlich wie Erbrochenes riechen und schwammig-rau sind. In England und Frankreich sowie als Suppe in der Türkei sind Kutteln Traditionsgerichte.

Ekel-Faktor

Im Vergleich zu anderem »Ekelessen« in diesem Buch sind Kutteln auf jeden Fall das kleinere Übel.

Unbedingt waschen

Bevor Menschen sie essen können, müssen Kutteln unbedingt gründlich gewaschen und gewässert werden, um sie von saurem Magenschleim und dem Mageninhalt zu befreien. Als Tierfutter für Hunde und Katzen werden ungewaschene Kutteln benutzt, die »grüne Kutteln« genannt werden. Der Mageninhalt der Gras fressenden Kühe ist eben grün — lecker!

Lange kochen

Einmal gereinigt, müssen Kutteln über Stunden weich gekocht werden. Manche Leute sagen, sie schmecken verdorben und seien unangenehm schleimig im Biss. Andere schätzen gerade die etwas matschige Weichheit. Stark eiweißhaltig, fettarm und sehr billig, waren Kutteln immer eine weitverbreitete Mahlzeit.

Schon gewusst?

Es gibt verschiedene Arten von Kutteln, je nachdem, um welchen der Kuhmägen es sich handelt. Neben den verbreiteten Kutteln aus dem Pansen werden auch welche aus dem Netzmagen oder dem Blättermagen angeboten.

Eine servierfertige Portion Kutteln

Tipp Wenn du keine Kutteln essen möchtest, meide Gerichte mit den Wörtern »Tripe«, »Trippa«, »Callos« oder »Kaldaunen« im Namen.

Schafskopf

Stell dir vor, du bekommst einen Teller vor dich hingestellt, auf dem ein ganzer Schafskopf liegt. Im Nahen Osten, Teilen von Afrika und in skandinavischen Ländern ist dies eine Delikatesse, in Island und Norwegen sogar ein Weihnachtsessen.

Wenig Fleisch?

Vielleicht denkst du, ein Kopf enthält viel zu wenig Fleisch, er besteht doch fast nur aus Knochen, Haut, Zähnen, Haaren und Knorpel. Stimmt nicht. Man kann die Ohren, die Backen, das Fleisch überm Schädel, das Hirn, die Zunge und sogar die Augen essen.

Zubereitung

Zuerst muss ein Schafskopf gründlich gewaschen, vom Fell befreit, gesalzen und in Wasser einge- weicht werden. Dann wird er mehrere Stunden mit Gemüse gekocht oder im Ofen gegart. Dazu gibt es oft Kartoffeln oder knuspriges Brot und Tomaten- oder Zwiebelsoße.

Leckerbissen

Schafskopfliebhaber behaupten oft, dass Zunge und Hirn die leckersten Teile sind, obwohl andere die Augen als besonders köstlich hervorheben.

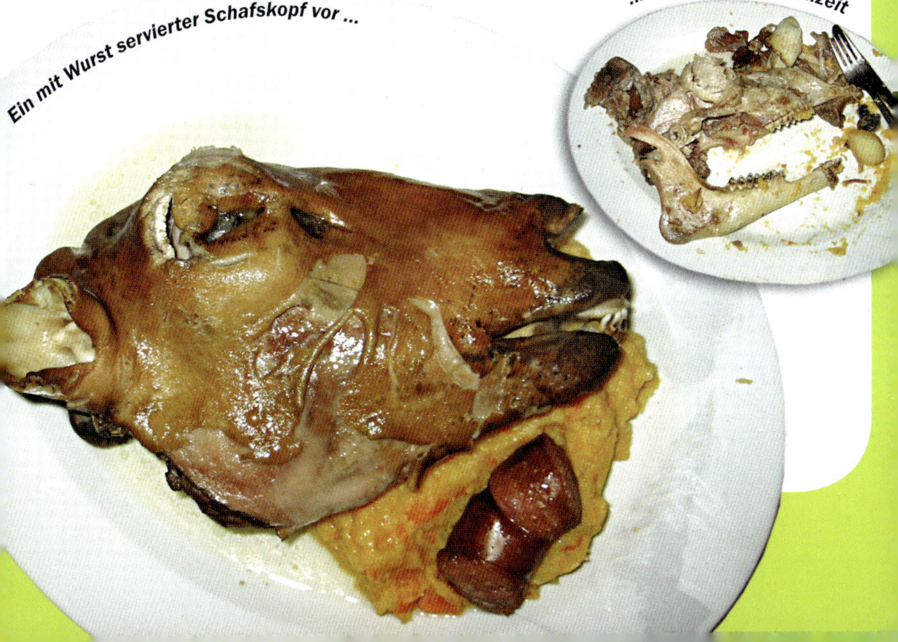

Ein mit Wurst servierter Schafskopf vor ...

... und nach der Mahlzeit

Faule Eier

Manche Leute werfen alte Lebensmittel nicht rechtzeitig weg. Vorsicht! Der Geruch fauler Eier ist einer der widerwärtigsten auf der Welt. Wenn du ein faules Ei zerbrichst und abbekommst, ist das absolut ekelerregend.

Keiminvasion

Eier können sehr lange aufbewahrt werden, ohne dass sie schlecht werden: Wochen, sogar Monate. Ihre harte Schale und die darunterliegende zähe Haut halten Keime fern. Irgendwann aber, speziell wenn das Ei etwas angeschlagen ist, dringen Bakterien ein. Wie alle vergammelnden Nahrungsmittel verändern sich die Eier durch den Bakterienbefall und entwickeln Giftstoffe.

Faules Ei, zerbrochen in einem Schraubglas. Der Deckel hält den Gestank drinnen.

Gasalarm

Eine der Hauptsubstanzen, die sich beim Faulen von Eiern bilden, ist das Gas Schwefelwasserstoff. Dieses Gas ist Träger des klassischen Faule-Eier-Gestanks und auch Bestandteil von Pupsen.

Schon gewusst?

Wenn ein Ei wirklich faul ist, riecht es und fühlt sich leicht an. Während es austrocknet, füllt ein stinkendes Gas die Schale. Vorher kannst du die Frische eines Eis testen, indem du es in Wasser legst. Ein frisches Ei sinkt nach unten, ein schlechtes hat schon Gas in sich und treibt nach oben.

Tipp

Eier bewahrst du am besten in ihrem Karton im Kühlschrank auf. Iss außerdem keine angeschlagenen Eier.

Ekel-Faktor

Faule Eier sind wirklich widerwärtig. Aber immerhin betrachtet niemand sie als Nahrung.

1000 Jahre alte Eier

Ekel-Faktor

Bei 1000-jährigen Eiern stehen den vielen, die sie eklig finden, Millionen von Fans gegenüber.

Ein Ei über seinem Verfallsdatum ist wirklich widerlich. Dennoch sind stark riechende Enten- und Hühnereier, die mit Lehm bedeckt werden, bis sich ihr Inneres in eine graue, zähflüssige Masse verwandelt hat, eine chinesische Delikatesse. Nicht jedermanns Sache! Weil sie so alt aussehen, heißen sie 1000-jährige Eier oder Jahrhunderteier.

Was passiert da?

Ein 1000-jähriges Ei ist nicht wirklich tausend Jahre alt, nicht mal hundert. Tatsächlich braucht man einige Wochen oder Monate, um sie herzustellen. Früher wurden sie in Lehmboden eingegraben, aber heute werden dafür zum Beispiel Salz und Ätzkalk benutzt. Oder sie werden in eine spezielle Salzlake eingelegt. Im Inneren verändern sich die Eier, ohne faul zu werden. Da sie bedeckt sind, können keine Bakterien eindringen und sie schlecht werden lassen. Das Weiße wird ein festes Gelee und das Eigelb wandelt sich in eine cremig-käsige Masse. Der Geschmack mag ja in Ordnung sein, der Geruch ist es nicht! Die Eier stinken nach Ammoniak.

Jahrhunderteier auf einem Markt in China

Tipp Am besten serviert man die Eier mit eingelegtem Ingwer, Sojasoße oder Tofu.

Rülpser

In vielen Kulturen gilt Rülpsen als extrem unhöflich, besonders wenn du beim Essen einen lauten, riechenden Rülpser loslässt. In einigen Ländern aber, zum Beispiel in China oder Ghana, sind Rülpser erlaubt, weil sie zeigen, dass es dir schmeckt.

Gas will raus

Wir rülpsen, um im Magen eingeschlossene Gase loszuwerden. Manchmal gelangt Luft in den Magen, die wieder hinaussoll. Wenn du kohlensäurehaltige Getränke trinkst, musst du mehr aufstoßen. Das Rülpsgeräusch entsteht, weil das hochströmende Gas deine Speiseröhre oben vibrieren lässt.

Ein sprudelndes Getränk schnell herunterzustürzen, garantiert lange und laute Rülpser.

Stinkende Rülpser

Im Magen der meisten Menschen riecht es nicht besonders gut. Das liegt an der Mischung aus zermatschtem Essen und Magensäure. Rülpser nehmen diesen ekligen Geruch oft mit nach draußen.

Ekel-Faktor

Ein Rülpser ist nicht schlimm, wenn du dich entschuldigst.

Schon gewusst?

2008 stellte der Brite Paul Hunn den Weltrekord für den lautesten Rülpser auf: mit 107 Dezibel so laut wie eine U-Bahn.

Tipp Um Rülpser zu vermeiden, schlinge dein Essen nicht herunter, sondern iss langsam.

Blähungen

Mit Sicherheit gibt es einige unhöf-lichere Dinge als Rülpser, zu pupsen ist eins davon. Beim Pupsen entweicht stinkendes Gas, meist mit einem ver-räterischen, lauten Geräusch.

Wer war's? Pupse können grässlich stinken.

Gas im Körper

Wie beim Rülpsen wird bei Blähun-gen Gas aus deinem Körper ent-fernt. Bevor es herauskommt, sammelt sich das Gas in deinem Darm.

Warum stinken Pupse?

Kohlensäure aus Getränken kann dich pupsen lassen. Weit häufiger aber wird das Gas erst in deinem Darm produziert, wenn Bakterien dein Essen, wie zum Beispiel Boh-nen, aufspalten. Dabei entstehen Gase von oft unangenehmem Geruch.

Schon gewusst?

Obwohl es als schlechtes Beneh-men bewertet wird, ist Pupsen völlig normal. Jeder Mensch pupst — die meisten bis zu un-gefähr einen halben Liter Gas täglich.

Ekel-Faktor

Alle tun es — trotzdem ist es ganz schön eklig.

Tipp Unter anderem verur-sachen Zwiebeln, Kohl, Linsen und Bohnen Blähungen.

Ohren-schmalz

Auch wenn dein Ohrenschmalz komisch riecht und nicht gerade lecker ist, hat es eine sehr wichtige Funktion.

Schmalziger Reiniger

Ohrenschmalz wird von winzigen Drüsen in deinem Gehörgang produziert. Es schützt das innere Ohr vor Austrocknung sowie — durch spezielle Stoffe — vor Keimen und Schmutz. Ohne diesen Schutz würden wir schädliche und schmerzhafte Ohrenentzündungen bekommen. Durch Kieferbewegungen beim Essen und Kauen wandert das Ohrenschmalz langsam nach außen.

Zwei Sorten

Menschen asiatischer und amerikanischer Herkunft haben meist ein eher graues, trockeneres, schuppigeres Ohrenschmalz als Europäer und Afrikaner, deren Ohrenschmalz klebriger, feuchter und braun oder gelb ist. Wenn du einmal Ohrenschmalz in den Mund bekommen hast, weißt du, wie bitter es schmeckt.

Schon gewusst?

Wissenschaftler können das Alter eines Wals an der Anzahl seiner Ohrenschmalzlagen ablesen. (Wusstest du überhaupt, dass Wale Ohren haben?)

Dieses Ohrenschmalz ist vom gelblich-klebrigen Typ.

Tipp Stecke nichts in deine Ohren, um Ohrenschmalz herauszuholen. Wenn sich zu viel angesammelt hat, geh zu einem Hals-Nasen-Ohren-Arzt, der es ausspülen kann!

Schlaf in den Augen

Nach dem Aufwachen hast du morgens manchmal etwas Krustiges, Trockenes in den Augenwinkeln. Es hat viele Namen: Schlafsand, Mückchen oder eben einfach »Schlaf«. Was ist das eigentlich?

Schlafsand

Deine Augen produzieren ständig kleine Mengen von Schleim und Tränen. Die werden — zusammen mit Staub, der in die Augen gerät — tagsüber durchs Blinzeln wegge- wischt. Nachts aber, wenn du deine Augen mehrere Stunden geschlos- sen hältst, sammelt sich diese Substanz in den Augenwinkeln und trocknet zu gelblich-bräunlichen, krustigen Klümpchen aus.

Der Sandmann

Die märchenhafte Idee, dass der Sandmann die Kinder abends be- sucht und ihnen zum Einschlafen und für schöne Träume Schlafsand in die Augen streut, kommt von den Resten »Schlaf«, die sich morgens im Auge finden.

Ekel-Faktor

Ein kleines Schlafkrüstchen im Auge ist wirklich nicht sehr eklig.

Zu viel Schlaf!

Ein kleines bisschen »Schlaf« im Auge ist normal und gesund. Nur wenn er deine Augen morgens ganz verklebt und sie gerötet sind und jucken, könnte das eine Augenentzündung sein.

Hier streut der Sandmann Schlafsand.

Der Sandmann

Fast jeder hat morgens etwas »Schlaf« im Auge.

Spucke

Spucke oder Speichel ist immer in unseren Mündern. Wir brauchen ihn, um zu kauen und zu schlucken. Trotzdem gilt Spucken als eine der ekligsten, unhöflichsten Handlungen überhaupt. Warum?

Sportler spucken oft aufs Spielfeld, um die Kehle freizubekommen.

Schon gewusst?

Leute sind kaum in der Lage, Wasser mit Spucke zu trinken, selbst wenn es ihre eigene ist.

Was ist Spucke?

Speicheldrüsen rund um deine Zunge produzieren ununterbrochen Speichel. Spucke besteht vor allem aus Wasser mit ein paar zusätzlichen Inhaltsstoffen, die helfen, Nahrung zu verdauen. Außerdem braucht unser Mund Feuchtigkeit zum Kauen, Schlucken, Schmecken und auch zum Sprechen.

Jemanden anspucken

Warum finden wir Spucken so ekelhaft? In fast allen Kulturen ist es eine Beleidigung, jemanden anzuspucken. Das könnte mit Krankheitskeimen zu tun haben, die im Speichel transportiert werden. Wenn du jemanden anspuckst, verehrst du ihm alle möglichen Keime, die du in dir trägst.

Spuck's aus!

Wir finden es auch eklig zu sehen, wie jemand Nahrung ausspuckt oder in sein Getränk spuckt. Dabei ist es eine Instinkthandlung, schlechte oder gefährliche Lebensmittel auszuspucken, um sie loszuwerden. Deshalb wird dir vielleicht übel, wenn du jemanden spucken siehst.

In Teilen Asiens ist es sehr beliebt, Betelnüsse und -blätter zu kauen und dann auszuspucken. Die Spucke ist leuchtend rot, du siehst sie überall am Boden.

Schweißfüße

Puuuh! Der Gestank von Käsefüßen lässt dich noch am anderen Ende vom Raum die Nase zuhalten. Und ein Haufen liegen gelassener Stinkesocken ist fast noch schlimmer. Je länger sie wochen- oder monatelang auf eine Wäsche warten, umso stinkiger werden sie!

Was ist Schweiß?

Schweiß besteht vorwiegend aus Wasser und kommt aus unserer Haut. Wenn er an der Luft verdunstet, kühlt er uns. Gleichzeitig schützt er unsere Haut vor Austrocknung. Nur wenn unsere Hände leicht feucht sind, können sie gut greifen. Schweiß selbst stinkt nicht. Aber Bakterien auf unserer Haut ernähren sich von Schweiß und sondern riechende Substanzen ab.

Warum schwitzen Füße?

Der Fußschweiß kommt aus bis zu 250 000 Schweißdrüsen pro Fuß. Den ganzen Tag sind wir auf unseren Füßen unterwegs, die Feuchtigkeit schützt die Haut davor einzureißen. Außerdem gibt Schweiß mehr Halt. Denn bevor sie Socken und Schuhen trugen, liefen und kletterten die Menschen barfuß – da waren Schweißfüße hilfreich.

Ekel-Faktor

Dem Geruch von Stinkefüßen ist mit Waschen leicht beizukommen!

Abstand halten! Diese dreckigen Füße stinken bestimmt.

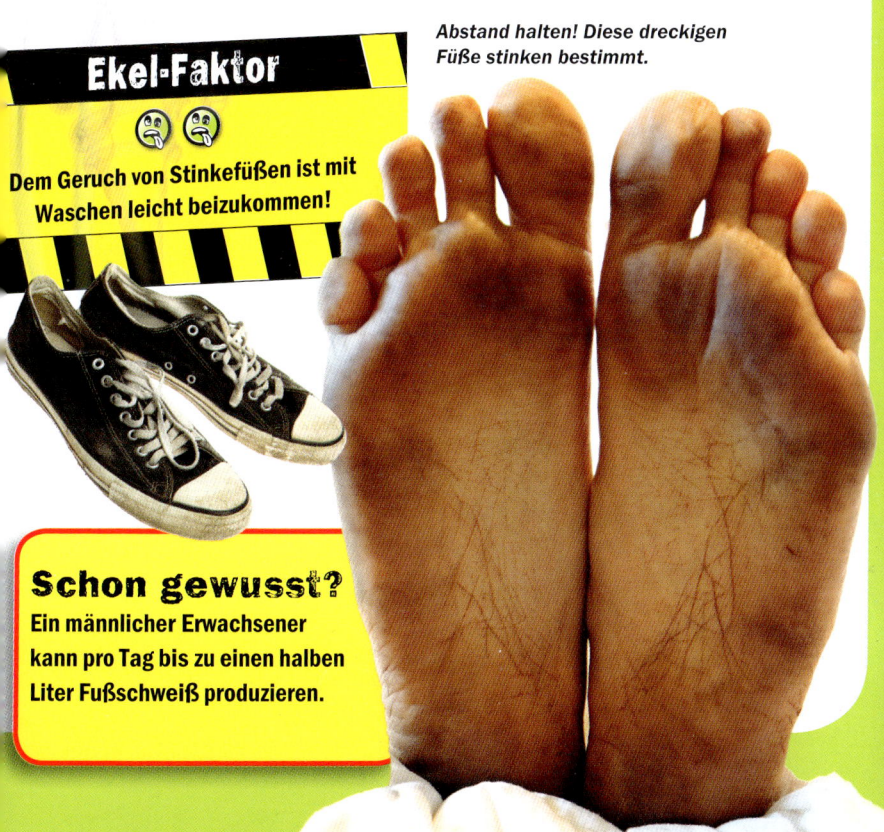

Schon gewusst?
Ein männlicher Erwachsener kann pro Tag bis zu einen halben Liter Fußschweiß produzieren.

Rotz

Rotz, Schnodder oder Popel — jeder mit einer Nase im Gesicht kennt das! Und es ist verführerisch, in der Nase zu bohren, um vertrockneten Rotz als Popel herauszuholen. Sieht dich aber jemand dabei, musst du mit einem »Igitt!« rechnen.

Wozu Rotz?

Rotz ist flüssiger Schleim, wie er auch an anderen Stellen deines Körpers produziert wird. Der Nasenschleim hält dein Naseninneres feucht und nimmt Keime und Schmutzteilchen auf, die nicht weiter in deinen Körper vordringen sollen. Rotz enthält auch keimtötende Substanzen. Popel sind getrockneter Rotz mit Bakterien, Staub, Pollen und Dreck darin.

Popel essen?

Sooo eklig ist es eigentlich nicht, Popel zu essen, da wir sowieso ständig kleine Mengen Rotz herunterschlucken, die uns hinten die Kehle herablaufen. Zu popeln und womöglich noch die Popel in den Mund zu stecken, gilt aber als widerlich. Dabei haben Befragungen ergeben, dass jeder mal in der Nase bohrt — wenn auch heimlich.

Natürlich ist es am wohlerzogendsten, ein Taschentuch zu benutzen.

Ekel-Faktor

Alle tun's! Dann kann Nasebohren doch gar nicht so eklig sein!

Bevor der Rotz zu Popeln eintrocknet, ist er schleimig und flüssig.

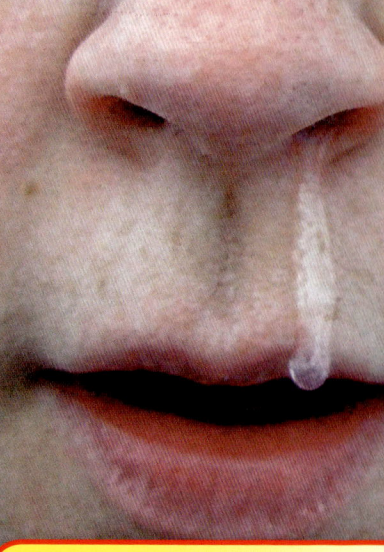

Schon gewusst?

Es ist wissenschaftlich erwiesen, dass Rotz und Popel zu essen nicht gesundheitsschädlich ist. Im Gegenteil helfen die enthaltenen Bakterien, vom Magen aus dein Immunsystem (Krankheitsabwehr) zu stärken.

Tipp Zu viel Nasebohren kann dein Naseninneres wund machen. Also: nicht zu oft popeln!

Schleim

Normalerweise siehst du den Schleim aus deinem Körper nicht, weißt aber wahrscheinlich, wie er aussieht, weil du schon einmal krank warst. Es ist das zähflüssige, grünlich-gelbliche Zeug, das herauskommt, wenn du Husten oder eine Bronchitis hast.

Immer da

Eine dünne Schicht klaren Schleims ummantelt immer deine Rachenwände und deine Bronchien. Durch sie werden Schmutzpartikelchen und Keime von der Lunge ferngehalten. Wenn du eine Brust- oder Racheninfektion hast, produziert dein Körper besonders dicken Schleim mit weißen Blutkörperchen darin, um Krankheitskeime zu bekämpfen. Winzige Moleküle in dem Schleim färben ihn gelb oder grün.

Warum so eklig?

Der Anblick eines zähen, wabbeligen Schleimkleckses ist für die meisten Menschen äußerst widerwärtig. Teilweise ist das so, weil Schleim einfach eklig aussieht. Außerdem nehmen wir instinktiv Reißaus vor Schleim, weil er dann auftritt, wenn Menschen krank sind, und wir angesteckt werden könnten.

Tipp Milch und Milchprodukte machen Schleim dicker und ekliger. Iss und trink bei Erkältung nicht so viel davon.

Ekel-Faktor

So ein Klecks grünen Schleims dreht einem einfach den Magen um.

Im Schleim lesen

Für Ärzte ist der Schleim, den ein Kranker aushustet, sehr hilfreich. Zum Beispiel kann Blut im Schleim auf eine ernste Lungenkrankheit namens Tuberkulose hinweisen.

Bei einer fetten Erkältung oder Grippe hustest du manchmal Schleim wie diesen aus.

Schorf

Wenn du dich schneidest oder dir die Haut aufschürfst, macht sich dein Körper sofort an die »Reparatur«-Arbeit. Er lässt das Blut gerinnen (fest werden) und überzieht die Wunde mit einer Schutzkruste. Schorf ist nicht eklig, sondern ein Heilungszeichen. Aber Schorf abzukratzen, ist eklig.

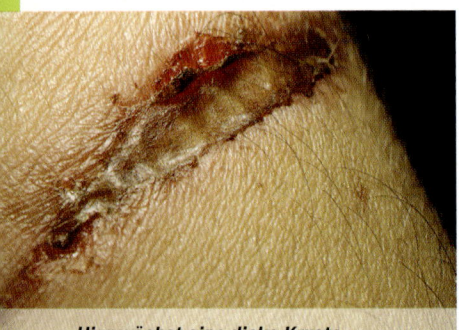

Hier wächst eine dicke Kruste über eine Wunde.

Schon gewusst?

2003 ernährte sich ein Mann, der sich zwölf Tage ohne Essen im kolumbianischen Dschungel verirrt hatte, von einer großen Schorfstelle, die sich über einer Verletzung an seinem Kinn gebildet hatte. Lecker! Keine schlechte Idee in diesem Fall, aber mega-eklig!

Ekel-Faktor

Schorf ist hilfreich bei der Wundheilung, aber ihn abzukratzen und zu essen, ist eklig.

Natürliches Pflaster

Schorf ist eine natürliche Wundabdeckung. Blutzellen verbinden sich darin mit einer körpereigenen Chemikalie, die Fibrin heißt. Die Schorfkruste hält Keime fern und schützt die Wunde, bis sie verheilt ist. Dann fällt der Schorf von selbst ab, falls du ihn bis dahin nicht abgekratzt hast.

Finger weg!

Die meisten Leute geben manchmal der Versuchung nach, eine Kruste abzukratzen. Schorf juckt – weil die Wunde heilt — und verführt deshalb zum Kratzen. Lass aber lieber die Finger davon! Deine Wunde könnte sich wieder öffnen und anfangen zu bluten. Dann entsteht nur noch mehr Schorf und es könnte eine Narbe zurückbleiben. Oder Keime dringen ein, sodass sich die Wunde entzündet und alles noch schlimmer wird.

Tipp Gegen juckenden Schorf kann auch eine Salbe aus der Apotheke helfen.

Eiter

Wenn dein Körper Eiter produziert, ist das ein sicheres Zeichen, dass Keime eingedrungen sind. Die zähe gelbe Flüssigkeit enthält spezielle Zellen, die den Kampf mit den Keimen aufnehmen.

Infizierte Wunden

Du siehst Eiter vor allem in Wunden, wenn Keime hineingeraten sind. Er sieht aus wie gelbliche Mayonnaise um oder in der Wunde. Und er kann eklig käsig stinken. Eine infizierte Wunde kann auch geschwollen und rot aussehen und schrecklich wehtun.

Pickel, Eiterbeulen und Geschwüre

Manchmal finden Bakterien einen Weg unter die Haut. Das kann z.B. an einer Haarwurzel sein. Sofort sind Zellen da, die Keime vernichten, und es bildet sich Eiter. Wenn der nicht abfließen kann, baut er schmerzhaften Druck auf. Sitzt der Eiter direkt unter der Haut, bildet sich ein Pickel, der vielleicht aufgeht und den Eiter abfließen lässt. Sitzt der Eiter aber tief unter der Haut, kann man eine Eiterbeule oder ein Geschwür bekommen, das vielleicht sogar herausoperiert werden muss, weil es nicht harmlos ist.

Ekel-Faktor

Eiter wirkt vor allem deshalb abstoßend, weil er mit Krankheit und Keimen verbunden wird.

Tipp Eiter aus Pickeln zu drücken, ist keine gute Idee. Du könntest ihn nur tiefer in die Haut bringen und Haut beschädigen, was eine Narbe hinterlässt.

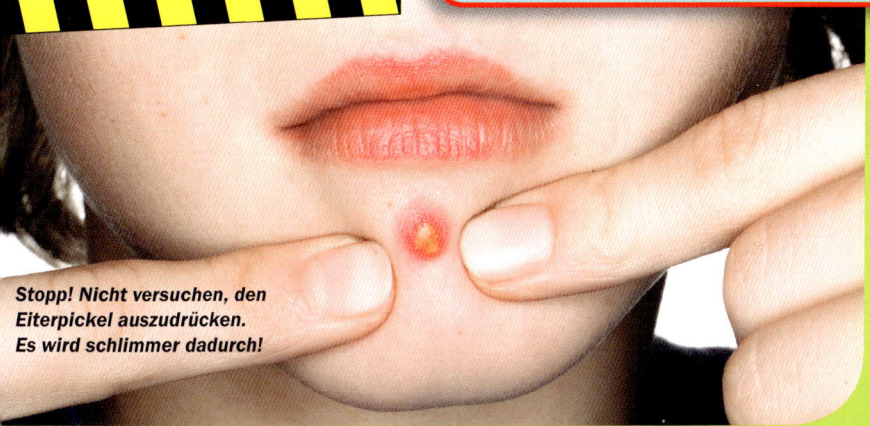

Stopp! Nicht versuchen, den Eiterpickel auszudrücken. Es wird schlimmer dadurch!

Niesen

Ha..., ha..., haaatschi! Du niest, wenn du erkältest bist, aber auch, wenn du Pfeffer oder Staub in die Nase bekommen hast. Niesen ist ein Reflex, der uns hilft, unsere Nase »auszumisten«, egal ob zu viel Schleim darinsteckt oder wir etwas eingeatmet haben, das die Schleimhaut reizt.

So entsteht ein Nieser

Wenn etwas die Nerven im Naseninneren irritiert, schicken sie eine Nachricht ans Gehirn, das den Nieser auslöst. Zuerst holst du tief Luft und dann drücken starke Muskeln in deiner Brust Luft mit extrem hoher Geschwindigkeit aus Mund und Nase.

Hier siehst du den Tröpfchenregen beim Niesen.

Keimverbreitung

Mit dem Niesen gelangt ein Tröpfchenspray aus Rotz und Spucke in die Luft. Wenn du erkältet bist, verbreitet sich so die Erkältung im Flug. Man könnte fast meinen, die Keime der Krankheiten, die dich niesen machen, sorgen so selbst für ihre Verbreitung.

Ekel-Faktor

Niesen ist nur dann wirklich eklig, wenn dich jemand direkt anniest — statt in sein Taschentuch.

Tipp Manchmal kannst du Niesen vermeiden, indem du deine Oberlippe nach unten über deine Schneidezähne ziehst oder fest auf die Oberlippe drückst.

Schon gewusst?

Helles Licht macht manche Leute niesen. Den Grund kennt niemand.

Erbrechen

Sich zu erbrechen, ist grässlich. Egal, ob durch ein Virus oder durch einen Karussellüberschlag verursacht: Eine Mischung aus halb verdautem Essen und ätzenden Magensäuren durch Mund und Nase zu würgen, ist einfach widerlich; und es schmeckt und riecht abscheulich. Warum also übergeben wir uns überhaupt?

Schnell raus damit!

Unser Körper benutzt Erbrechen, um gefährlichen Mageninhalt loszuwerden. Keime, Gift, vergammeltes Essen, all das kann Erbrechen verursachen So unangenehm Erbrechen ist — dein Körper versucht dich dadurch vor etwas Schlimmerem wie Krankheit oder sogar Tod zu bewahren.

Schwindlig!

Warum müssen manchmal Leute bei Karussellfahrten, auf Schiffen oder im Auto brechen? Wissenschaftler glauben, dass das Gehirn durch Herumwirbeln und Schaukeln unterschiedliche Signale vom Gleichgewichtssinn im Ohr und vom Auge bekommt, wodurch Schwindel entsteht. Genau das bewirken aber auch einige Gifte: Sie machen dich schwindlig und verwirrt. Also schließt dein Körper daraus, dass du vergiftet wurdest, und du musst dich erbrechen.

Ansteckend

Jemanden brechen zu sehen oder zu hören, bewirkt meistens, dass einem selbst schlecht wird. Das ist sinnvoll: Denn wenn alle dasselbe Schlechte gegessen haben, sollte es jeder auch sofort wieder loswerden.

Erbrechen ist nützlich, aber sehr unangenehm.

Tipp Gegen Reiseübelkeit hilft es, einen Punkt, z. B. den Horizont, zu fixieren. Dann wird das Gehirn weniger durcheinandergebracht.

Urin

*Wenn Urin nicht schnell abgewaschen
wird, fängt er an zu stinken.*

*Jeder muss mehrmals täglich aufs
Klo und pinkeln. Am Anfang riecht
es nicht sehr unangenehm. Wenn
du aber einmal älteren Urin gero-
chen hast, weißt du, dass er irgendwann einmal beginnt, grässlich zu
stinken.*

Wie rein, so raus

Wir müssen trinken, um unseren
Körper mit Wasser aufzufüllen. Der
menschliche Körper besteht zu
70 % aus Wasser. Urin ist über-
schüssige Flüssigkeit mit Abfallstof-
fen, die aus dem Körper gespült
werden müssen.

Müllabfuhr

Dein Blut wird ständig durch zwei
Organe, die Nieren, gefiltert. Nur
45 Minuten dauert es, um einmal
das gesamte Blut zu reinigen. Während des Vorgangs sammeln sich
Restwasser und Abfallstoffe, auch
eine Substanz namens Harnstoff.
Harnstoff riecht, besonders wenn
er sich in andere Bestandteile auf-
spaltet und sich Keime darin sammeln. Deshalb stinkt Urin schlimmer, je länger er nicht weggewischt
wird.

Schon gewusst?

Wenn Urin den Körper verlässt, ist er
ganz sauber und, anders als Kot,
keimfrei. In der Wüste haben schon
Menschen durch das Trinken von
Urin überlebt, obwohl der Harnstoff,
der darin enthalten ist, nicht gut für
die Gesundheit ist.

Tipp Trink viel, dann arbeiten
deine Nieren gut!

Kot

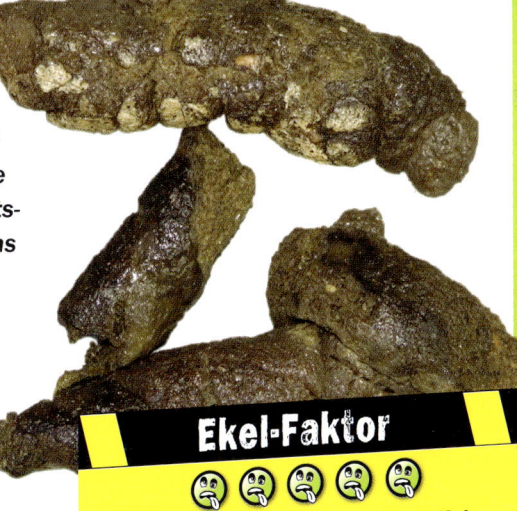

Hundekacke auf dem Bürgersteig: Vorsicht, wo du hintrittst!

Jeder Mensch muss kacken, trotzdem finden wir Kot zutiefst widerlich. Und wir haben recht damit. Kot könnte nämlich gefährliche Krankheitskeime enthalten. Indem wir uns davon fernhalten, bleiben wir gesund.

Was ist Kot?

Kot enthält all die Reste unseres Essens, die der Körper nicht weiterverwerten kann, vor allem die Bestandteile, die er schlecht verdauen kann, wie Gemüse- und Obstschalen oder Samenhüllen. Die Reste sind mit ein wenig Wasser und Millionen von Bakterien vermengt, die natürlicherweise in unserem Darm leben. Sie verleihen dem Kot den abstoßenden Gestank. Damit er besser durch den Darm wandert, ist der Kot von Schleim umgeben.

Ekel-Faktor

Die meisten Menschen finden Kot das Widerlichste von allem.

Tipp Nach jedem Klogang soll man sich die Hände waschen. Warum eigentlich? Bakterien im Kot, die in deinem Darm harmlos sind, können dich krank machen, wenn sie z. B. über verschmutzte Nahrung in deinen Magen gelangen. So kannst du auch die Krankheiten anderer Leute bekommen.

Schon gewusst?

Obwohl Kot ein Abfallprodukt ist, enthält er für einige Fliegen, Käfer und andere Insekten noch genug fressbare Inhaltsstoffe.

In Bangladesch wird Kuhmist getrocknet und als Brennstoff verwendet.

Maden-Therapie

Du hast eine schlimme Wunde, die stinkt und einfach nicht heilen will. Was tut dein Arzt? Die Wunde in eine Bandage einwickeln, die mit lebenden, krabbelnden, hungrigen Maden gefüllt ist? Sicher nicht! Oder vielleicht doch ...?

Totes Fleisch, lecker!

Maden sind Fliegennachwuchs. Einige Arten ernähren sich vom Fleisch toter Tiere, bis sie fett genug sind, um sich in erwachsene Fliegen zu verwandeln. Wenn man eine Gangrän hat (das bedeutet, dass Gewebe abstirbt), sollte man sich darüber freuen. Denn die Maden knabbern das tote Gewebe aus der Wunde und verhindern so die weitere Ausbreitung. Sie hinterlassen die Wunde sauber, sodass sie heilen kann.

Diese hungrigen Maden futtern sich durch eine Fleischmahlzeit.

Ekel-Faktor

Maden in eine Wunde zu setzen, klingt mega-ekelhaft, auch wenn es gut für die Gesundheit ist.

Ein Arzt legt den Spezial-Madenverband auf eine Wunde.

Medizinische Maden

Medizinische Maden werden im Labor gezüchtet, nicht von toten Tieren gesammelt. Sie sind keimfrei. Damit sie sich bewegen und atmen können, werden sie in einem Spezialbeutel aus Verbandstoff mit Luftlöchern verpackt. Dieser wird für einige Tage auf die Wunde gelegt.

Tut das weh?

Weil die Maden nur das tote Gewebe fressen, dürftest du nicht mehr spüren als beim Nägelschneiden. Manche Patienten beschweren sich aber, dass sie das Krabbeln und Knabbern spüren.

Schon gewusst?

Maden wurden schon in alten Zeiten zur Wundreinigung eingesetzt, seit den 1930er-Jahren auch wieder in der modernen Medizin.

Blutegel-Therapie

Vielleicht lässt dein Arzt die Maden weg, beschließt aber stattdessen, einen blutdurstigen Blutegel an dir saugen zu lassen. Immer mehr Ärzte benutzen diese Methode.

Ekel-Faktor

Auch wenn es nur ein paar Minuten dauert: Einen Blutegel an sich saugen zu lassen, ist ganz schön eklig.

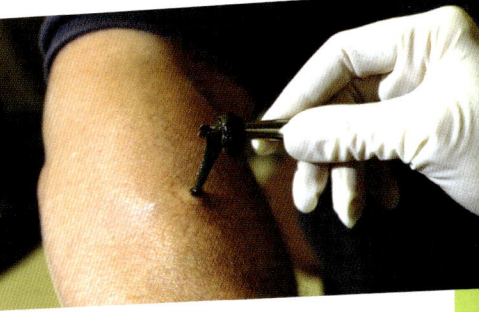

Vorsichtig setzt ein Arzt den Blutegel an die richtige Stelle.

Saugende Egel

Nur einige Arten Egel saugen Blut. Ärzte benutzen meist eine blutsaugende Art, die Medizinischer Blutegel heißt und bis zu 20 cm groß werden kann.

Dieser kleine Egel hat's wohl auf den Zeh hier abgesehen.

Wozu Blutegel?

Weil sie Blut saugen, können Blutegel benutzt werden, um infiziertes oder verklumptes Blut aus Wunden zu entfernen und sie so zu säubern. Ein anderer guter Grund, sie einzusetzen, ist, dass sie helfen können, den Blutfluss in angenähten Körperteilen anzuregen. Ein Blutegel kann zum Beispiel bewirken, dass in einem abgetrennten Finger, der wieder angenäht wurde, auch wieder Blut fließt.

Sammler

Früher haben Leute ihren Lebensunterhalt damit verdient, Blutegel aus Tümpeln und Sümpfen für Ärzte zu sammeln. Heute werden die Blutegel für die Medizin im Labor gezüchtet.

Bildnachweis

Fotos: 1 FLPA / Matthias Breiter; 2–3 Yellowstone National Park, Corbis / Tim Davis; 4–7 Corbis / Meijert de Haan / EPA; 8–9H Science Photo Library / Chris Butler; 8o Corbis / Frank Lukasseck; 8Ml Corbis / Buddy Mays; 8Mr Science Photo Library / Eye of Science; 8ul Shutterstock / David Dohnal; 8ur Dr. Nico J. Smit / Dept of Zoology, University of Johannesburg, South Africa; 9o Science Photo Library / Pasieka; 9Ml Honda; 9r Corbis / Danny Lehman; 10–11 Corbis / Fabrice Coffrini; 12–13 Corbis / Michael S. Yamashita; 14 Photodisc; 15 Rex / Sipa Press; 16 FLPA; 18 Corbis / TWPhoto; 19 Reuters / Stringer; 20ol David Rydevik; 20or Nature / Photodisc; 20ur Corbis / Ashley Cooper; 21or Science Photo Library / David A Hardry / Futures; 22 BBC Photo Library, London; 23 Corbis / Ralph A. Clevenger; 23u Corbis / Lake County Museum; 24 Corbis / Michael Hanschke / dpa; 25o Corbis / Mike Theiss / Ultimate Chase; 25u Corbis / Reuters; 26 Yellowstone National Park; 27 Corbis / Simela Pantzartzi / EPA; 28 Corbis / Tony Arruza; 29 Corbis / Jim Zuckerman; 30 Getty Images / Martin Baumann / AFP; 31 Corbis / Larry W. Smith / EPA; 32 Corbis / Eric Nguyen; 33 Corbis / Chris Collins; 34 Corbis / Michael Freeman; 35 Corbis / Andrew Brown / Ecoscene; 36 Corbis / Jenifer Brown / Star Ledger; 37 Corbis / Karen Kasmauski; 39 Corbis; 40 Corbis / Galen Rowell; 41 Corbis / Jerome Minet / Kipa; 42 Corbis / Ashley Cooper; 43o Corbis / Uli Wiesmeier, 43u Corbis / Charlie Munsey; 44 Corbis / SYGMA; 45 Corbis / Tobias Bernhard / Zefa / Corbis; 48o Corbis / Peter Johnson; 48u Corbis / Ryan Pyle; 49 Nature / Photodisc; 50o Corbis / Darren Staples / Reuters; 50u Corbis / Karen Kasmauski; 51o Corbis / Christopher Morris; 51u Nature / Photodisc; 53u Corbis / Joe McDonald; 54 Corbis / Martin Harvey; 55 Corbis / Martin Harvey; 56o Photodisc; 57 FLPA / David Hosking; 58 Rex Features / DPPI; 59 Corbis / Tim Davis; 60o Rex Features / Karen Paolillo; 60u Corbis / Arthur Morris; 61o Rex Features / Sipa Press; 62o Shutterstock / Martin Prochazkacz; 62u Shutterstock / Siete Vidas; 63o Shutterstock / Scott E Read; 64 Shutterstock / Michal Bednarek; 65o Photodisc; 65u Shutterstock / PhotocechCZ; 66 Corbis / Frank Lukasseck; 67 Rex Features / Nature Picture Library; 68 Rex Features / Nature Picture Library; 69 Rex Features / CDC / Phanie; 71 Corbis / Kevin Schafer; 72o Corbis / Gary W. Carter; 72u Corbis / Joe McDonald; 73 Corbis / Buddy Mays; 75o Science Photo Library / Peter Scoones; 75u Corbis / Reuters; 76 Rex / Jo Mahy / Splashdown Direct; 77 Rex Features / Nature Picture Library; 78–79 Corbis / Zefa / Markus Moellenberg; 80 Corbis / Bettmann; 81 Rex Features; 82 Rex Features / Ken McKay / Andrew Murray; 83 NPS photo / Harlan Kredit; 84o Rex Features / DPPI; 85o Corbis / Paul A. Souders; 85u Getty Images / AFP / Johannes Simon; 86 Corbis / Bill Stormont; 87 Corbis / Alejandro Ernesto; 88 Rex Features / Bob Bowen; 89 Shutterstock / Charles Brutlag; 90 Rex Features / Sipa Press; 91 Rex Features / Keystone; 92–93 Nasa / Dryden Historical Aircraft Photo Collection; 94–95 Photolibrary / Christian Heinrich / Imagebroker; 96 Shutterstock / Galyna Andrushko; 97 Getty Images / G. Brad Lewis; 98 Getty Images / Speleoresearch & Films / Carsten Peter; 99 FLPA / R Dirscherl; 100o NASA; 100M NOAA; 100 NOAA / Ship Collection; 101o NOAA Ocean Explorer Gallery / Catalina Martinez; 101u Science Photo Library / P Rona / OAR / National Undersea Research Program / NOAA; 102